大夏书系·数学教学培训用书

小学教师怎么用好数学课程标准

苏明强 / 著

华东师范大学出版社
·上海·

图书在版编目（CIP）数据

小学教师怎么用好数学课程标准 / 苏明强著.
—上海：华东师范大学出版社，2023
ISBN 978-7-5760-3753-1

I.①小… II.①苏… III.①小学数学课－教学研究 IV.① G623.502

中国国家版本馆 CIP 数据核字（2023）第 042883 号

大夏书系 ｜ 数学教学培训用书

小学教师怎么用好数学课程标准

著　　者	苏明强
策划编辑	朱永通
责任编辑	薛菲菲
责任校对	杨　坤
封面设计	奇文云海 · 设计顾问
出版发行	华东师范大学出版社
社　　址	上海市中山北路 3663 号　邮编 200062
网　　址	www.ecnupress.com.cn
电　　话	021-60821666　行政传真 021-62572105
客服电话	021-62865537
邮购电话	021-62869887
地　　址	上海市中山北路 3663 号华东师范大学校内先锋路口
网　　店	http://hdsdcbs.tmall.com/
印 刷 者	北京密兴印刷有限公司
开　　本	700×1000　16 开
印　　张	10.5
字　　数	104 千字
版　　次	2023 年 4 月第一版
印　　次	2023 年 4 月第一次
印　　数	6 100
书　　号	ISBN 978-7-5760-3753-1
定　　价	49.80 元
出 版 人	王　焰

（如发现本版图书有印订质量问题，请寄回本社市场部调换或电话021-62865537 联系）

目录

序 / 001

前　言 / 005

第一章
通过基本理念正确树立教学观念 / 001

第一节　数学课程的认识 / 002

第二节　课程内容的认识 / 005

第三节　教学活动的认识 / 009

第四节　教学评价的认识 / 015

第二章

通过核心素养准确把握教学导向 / 019

第一节　数学核心素养的内涵与表现 / 019

第二节　数与代数关联的核心素养 / 024

第三节　图形与几何关联的核心素养 / 030

第四节　统计与概率关联的核心素养 / 035

第五节　综合与实践关联的核心素养 / 040

第三章

通过数学"四基"深刻分析教学内容 / 043

第一节　基础知识和基本技能 / 045

第二节　基本思想 / 049

第三节　基本活动经验 / 059

第四节　深度分析教材内容 / 063

第四章

通过数学"四能"紧密关联核心素养 / 067

第一节　数学"四能"与几何直观 / 069

第二节　数学"四能"与运算能力 / 071

第三节　数学"四能"与模型意识 / 076

第四节　数学"四能"与创新意识 / 079

第五章

通过行为动词规范拟定教学目标 / 082

第一节　行为动词发展变化 / 082

第二节　结果目标行为动词 / 085

第三节　过程目标行为动词 / 089

第四节　规范拟定教学目标 / 091

小学教师怎么用好数学课程标准

第六章

通过问题驱动创新设计教学过程 / 097

第一节　基于数感、几何直观的教学设计
　　　　——以"分数的初步认识"为例 / 099

第二节　基于推理意识、几何直观的教学设计
　　　　——以"三角形内角和"为例 / 112

第三节　基于数据意识、应用意识的教学设计
　　　　——以"折线统计图"为例 / 126

附录　关于《2011年版》修订的若干建议 / 143

序

本书作者是一位令人钦佩的同行，我很高兴能为他的书作序。

我在大学教学了几十年，多少也积累了一些教学经验，可每每涉及与中小学数学课堂教学有关的探讨，虽然能够判断道理上的正误，也可以给出应该怎么做的建议，但总是要认真声明：自己没教过中小学，所言所写都"只能供参考"。这是因为，虽然数学是以抽象和演绎推理为检验真理的标准，的确可以"铁口直断"，但是数学教育不是这样，检验教育真理的标准不是推理而是实践。这一点即使是对皮亚杰、弗兰登塔尔这样的教育大家来说，亦是如此。无论是皮亚杰的认知结构，还是弗兰登塔尔的数学化，都不是推理的结果，而是从实践中提炼并在实践中得到检验。虽然近些年脑科学的发展对教育（包括数学教育）的研究与实践产生了越来越大的影响，但由于脑科学属于实验科学，究其本质，仍在实践的范畴之内。

之所以谈及这些，意在说明数学教育研究本质上是一种实践研究，如果缺少实践的支撑，就会成为无本之木，难言生命

小学教师怎么用好数学课程标准

力。本书作者苏明强教授就是数学教育领域里一位难得的、长于实践的研究者,在我所熟悉的从事小学数学教育研究的高校教师群体中,他在这方面的表现可谓独树一帜。仅以小学数学课堂教学为例,高校教师中能成为行家里手的,恕我孤陋寡闻,可能真的是无出其右。我曾见过他在小学数学教室里的自然亲和、游刃有余、张力满满,其教学水准即使与大家熟悉的名师比,个人认为也称得起不遑多让。而在把握教学内容本质和引导学生积极思考、主动学习等方面,他也会胜出一等。

高校教师的主场一般是大学校园,常见的研究方式是钻图书馆或进实验室,是抠文献或做实验。令人钦佩之处是,苏教授把他的"图书馆"和"实验室"从大学校园延伸到了真实的小学和真实的小学数学课堂,用行动践行了"要想知道梨子的滋味,就要亲口尝一尝"这句浅显易懂的话,走了一条远离"舒适圈"的研究之路。我亲眼见过他披星戴月地奔波于都市的大学校园与乡镇的小学教室之间的情景。就像"罗马不是一天建成的",他能成为小学数学教学的行家里手,一定与他这种长期沉浸于小学数学课堂真实氛围里下的"笨功夫"有关。正是经年累月的执着和付出,使他在品尝出小学数学教学真"滋味"的同时,也把握了数学教育研究的真谛,逐步形成了一种注重实践的研究风格。他走的这条注重实践,特别是教学实践的研究之路,是一条符合数学教育学科特征和发展规律的研究之路,在这条路上的探索,能够反映出"扎根中国大地办教育"应有的模样。

于是，新课标甫颁布，苏教授便有了这本关于"教师如何用好标准"的作品问世。这种即时的反应，彰显了作者本人长期坚持实践研究而形成的学术张力，也肯定与他在这条以实践为依托的研究道路上的学术积累有关。

初览本书，感觉确实如此。作者自己亲自执教的丰富教学案例，为本书在内容上提供了博观约取和厚积薄发的空间，整体上表现出鲜明的从教师视角出发，注重教学、紧扣课堂的特点。诸如结合具体教学案例帮助读者理解核心素养的主要表现、以核心素养主要表现为目标开展教学设计的建议等内容，对于读者通过该书品尝新课标源自实践的"滋味"，理解和把握新课标中的重要变化将十分有益。

我自己也写过与课标解读有关的书，书中也有不少实际案例，不过所有与教学实践有关的例子都是引用别人的。本书这种通过作者自己亲力亲为的课堂教学实录对新课标作出解读，显然使本书更接近教师、读者的实际需要，更有说服力。所以我看好本书，并郑重向读者推荐。

2022 年 9 月于中央民族大学理工楼 917 室

前言

感谢中央民族大学孙晓天教授，在2022年中秋节、教师节"双节合一"的特殊日子里，百忙中抽空用心为本书作序。我们相识不算久，但很深；我们相知不算长，但很真。孙教授学识的高度、学术的态度和学者的风度，都是我永远学习的榜样。

我将继续——怀揣梦想、砥砺前行！

我是义务教育数学课程标准的传授者：自2005年以来，我年复一年，在泉州师范学院小学教育专业大二学生相关课程中传授着课程标准的理念。我是义务教育数学课程标准的建议者：2020年撰写文章为2011年版课程标准的修订提出六条建议（详见本书的附录），部分修订建议已被课程标准修订组采纳。我是义务教育数学课程标准的解读者：2012年曾撰写了五篇文章解读了《义务教育数学课程标准（2011年版）》（以下简称《2011年版》），2022—2023年将撰写15篇文章解读《义务教育数学课程标准（2022年版）》（以下简称《2022年版》）。我是义务教育数学课程标准的践行者：过去的10年间，我在小学数学教学实践中努力践行《2011年版》的教学理念。我是义务教育数学课程标准的推广者：2012年我开始组建一支小学数学教学研究团队，每年秋天定期举办一届小学数学教学研讨会，到2022年，围绕数学课程标准的教学理念，已经举办了10届70场专题研讨活动；2018年12月申报的教学成果——闽派小学数学名师"1+6+N"协同发展模式的探索与实践，荣获国家教学成果二等奖；2019年2月以来，我们开始在江苏、浙江、甘肃、贵州、上海、山东、河北、河南、安徽、重庆、广西、黑龙江、广东、内蒙古、山西、云南、新疆、黑龙江、福建等19个省（市、自治区）建立了1个研究中心、13个工作站和58所实验学校，推广践行数学课程标准的教学理念，带领全国范围内更多教师协同发展。我是义务教育数学课程标准的受益者：践行课程标准理念的10年教学实践，让我懂得如何把教学理念与教学实践有机结合起来，让我懂得如何把课程标准理念落实到小学数学课堂教学之中，让我懂得如何在课堂教学中与小学生交流互动，让我懂得小学数学教师专业成长的痛点所在，也让我懂得课标组专家心中憧憬的数学课堂新样态。

2022年5月16日，史宁中教授观摩了我的一节研究课——"真分数假分数"，他给予的肯定与积极评价，让我进一步明确了前行的方向，也让我对小学数学教学研究之路更加充满信心。因此，本书的写作过程，实质上就是我10年教学研究与实践一次阶段总结与反思的过程，我非常愿意通过本书与读者分享我的教学实践与教学思考。

让我们一起——怀揣梦想、携手同行！

下面，我们一起了解下我国义务教育数学课程标准的发展历程，这对理解书中的一些观点和做法会有很大帮助。

我国 1923 年颁布了第一个课程标准《新学制课程标准纲要小学算术课程纲要》，1950 年颁布了第七个课程标准《小学算术课程暂行标准（草案）》，1952 年颁布了第一个教学大纲《小学算术教学大纲（草案）》，2000 年颁布了第八个教学大纲《九年义务教育全日制小学数学教学大纲（试用修订版）》。在 1923—2000 年间，我国共颁布了 7 个课程标准和 8 个教学大纲，修订和颁布没有固定周期，平均每 5 年修订并颁布一次。进入 21 世纪后，到目前为止，我国共颁布了 3 个课程标准，分别是 2001 年颁布的《全日制义务教育数学课程标准（实验稿）》（以下简称《实验稿》）、2011 年颁布的《2011 年版》以及 2022 年颁布的《2022 年版》，大约每 10 年修订并颁布一次。在这 100 年间，我国义务教育阶段数学课程标准，大致经历了三个主要发展阶段。

第一阶段（1923—1950 年）：这一时期的课程标准内容相对比较简单，课标的内容从目的、程序、方法和毕业最低限度的标准，发展到目标、教材大纲和教学要点。在 1950 年颁布的《小学算术课程暂行标准（草案）》中，目标开始关注儿童的正确观念和常识、计算技术和能力、钻研问题的方法和习惯以及爱国主义思想和国民公德。教材大纲详细规定了笔算和珠算的内容和要求，教学要点详细规定了教材编选要点、教学方法要点和教学设备要点。

第二阶段（1952—2000年）：这一时期把课程标准改为教学大纲，体现了大教学观，从直接编译使用苏联小学算术教学大纲到逐步形成适应我国国情的教学大纲，初步形成了三维目标（当时称为教学目的），主要包括知识、能力和思品三个方面。这一时期不仅规定了教学目的和要求、教学内容的确定和安排、教学中应该注意的几个问题，而且详细规定了各年级的教学内容和教学要求，同时，在附录中给出教学要求用语的说明，把有关知识的教学要求分为知道、理解、掌握、应用四个层次，并对教学要求中的7个常用语"知道""理解""掌握""应用""会""比较熟练""熟练"进行了详细的解释。

第三阶段（2001—2022年）：这一时期把教学大纲改为课程标准，体现了大课程观，把《九年义务教育全日制小学数学教学大纲（试用修订版）》和《九年义务教育全日制初级中学数学教学大纲（试用修订版）》合并改为《实验稿》，详细规定了课程目标、内容标准和课程实施建议。在课程目标中提出数学活动经验和基本的数学思想方法的目标要求，并从知识与技能、数学思考、解决问题、情感与态度四个方面分别进行详细阐述。在内容标准中详细阐述了各个学段中数与代数、空间与图形、统计与概率、实践与综合应用四个领域的内容标准。在课程实施建议中分成三个学段分别阐述教学建议、评价建议和教材编写建议。

前 言

在《2011年版》中，对课程目标进行了调整，把"双基"拓展到"四基"，把"两能"拓展到"四能"，首次明确提出"四基""四能"的目标要求；对课程内容领域的表述进行了调整，把"空间与图形"修改为"图形与几何"，把"实践与综合应用"修改为"综合与实践"；增加了附录，在附录1中对描述结果目标的四种不同水平行为动词和描述过程的三种不同水平行为动词分别进行了解释，在附录2中列举了课程内容及实施建议的实例。

《2022年版》整体体现了继承与发展的特点，"四基"和"四能"保持不变，体现了数学课程标准的继承，融入核心素养，贯穿课程标准的始终，体现了数学课程标准的发展。对于数学核心素养，明确提出"三会"的目标要求和核心素养的主要表现：会用数学的眼光观察现实世界——主要表现在数感、量感、几何直观、空间观念、符号意识、创新意识，会用数学的思维思考现实世界——主要表现在运算能力和推理意识，会用数学的语言表达现实世界——主要表现在数据意识、模型意识和应用意识。

至此，我国义务教育数学课程标准"四基""四能"和"三会"的理念基本形成，这是我国百年来数学教育研究的重大成就，这些理念需要我们在教学中贯彻落实和实践检验。

数学课程标准是数学教学、教材编写和考试评价的重要依据，也是教师备课、教学研讨和专业成长的重要载体。那么，我们应该怎么用好数学课程标准呢？这是教学实践中的一个关键性问题。然而，长期以来，广大一线教师都知道数学课程标准的重要性，却觉得理论性太强，不知道该怎么用。

本书针对小学数学教师教学中普遍存在的痛点问题，根据《2022年版》，立足小学数学教师和大学师范生的专业发展需要，试图从基本理念、核心素养、数学"四基"、数学"四能"、行为动词和问题驱动等六个维度，阐述树立教学观念、把握教学导向、分析教学内容、关联核心素养、拟定教学目标、设计教学过程等六个基本的教学问题，以此诠释在教学中教师如何用好数学课程标准的问题，希望能为教师和大学师范生的专业成长提供一种有效的帮助，能为教学实践提供一种有用的参考。

本书共分六章，第一章通过基本理念正确树立教学观念；第二章通过核心素养准确把握教学导向；第三章通过数学"四基"深刻分析教学内容；第四章通过数学"四能"紧密关联核心素养；第五章通过行为动词规范拟定教学目标；第六章通过问题驱动创新设计教学过程。

在本书的写作过程中，江苏省无锡通德桥实验小学赵国防、钱云娟、江吕颖、刘苑婧，江苏省无锡市连元街小学肖岚、杨宏伟，江苏省无锡市广新小学朱怡虹，福建省泉州市丰泽区教师进修学校柯秀妹等八位老师，对本书提出了宝贵的意见和建议，在此一并表示感谢！

国家的课程改革是一项长期的系统工程，教师的专业成长是一条长久的艰辛道路，最后，愿以一首小诗与大家共勉：

前 言

行走在路上，

梦，就在前方。

有了梦想，

心，就会飞翔。

有了飞翔，

梦，就不再遥远！

2022 年 9 月于泉州

第一章

通过基本理念正确树立教学观念

义务教育数学课程标准在课程性质、课程理念、课程目标、课程内容、学业质量、课程实施等方面都作出了明确的规定。因此，作为一线教师，应该通过数学课程标准中的基本理念，树立正确的教学观念，这是小学数学教学与研究的重要基础。

进入20世纪，自1923年开始，国家针对小学算术或小学数学共颁布了7个课程标准和8个教学大纲；21世纪以来，到目前为止，国家共颁布了3个课程标准，数学教育的基本理念以课程为导向，以人才培养为目标，发生了比较大的变化。2001年，教育部颁布实施《实验稿》，指导着我国新一轮基础教育数学课程的改革与实践，2005年，教育部组织一批专家学者，成立了以东北师范大学校长史宁中教授为首的课程标准修订组，在认真总结义务教育数学课程改革的成效和问题的基础上，对《实验稿》进行了全面的修订。2011年12月，教育部正式颁布《2011年版》，并于2012年秋季开始执行。经过近10年的改革与实践，课程标准修订组对《2011年版》再次进行修订，2022年4月，教育部颁布了《2022年版》。

本章主要对义务教育数学课程的基本理念进行解读，目的是让广大小学数学教师通过理解、掌握这些基本理念，树立正确的教学观念，为小学数学教学与研究奠定重要的理念基础。

第一节　数学课程的认识

在大课程观视野下，教学是课程的实施过程，因此，对数学课程的认识有利于我们整体宏观把握数学教学。《实验稿》指出："义务教育阶段的数学课程应突出体现基础性、普及性和发展性，使数学教育面向全体学生，实现人人学有价值的数学，人人都能获得必需的数学，不同的人在数学上得到不同的发展。"《2011年版》对数学课程有了进一步的认识，指出："数学课程应致力于实现义务教育阶段的培养目标，要面向全体学生，适应学生个性发展的需要，使得人人都能获得良好的数学教育，不同的人在数学上得到不同的发展。"《2022年版》进一步指出："义务教育数学课程……应落实立德树人根本任务，致力于实现义务教育阶段的培养目标，面向全体学生，适应学生个性发展的需要，使得人人都能获得良好的数学教育，不同的人在数学上得到不同的发展。"

第一章 通过基本理念正确树立教学观念

《2011年版》的"人人都能获得良好的数学教育"是《实验稿》"人人学有价值的数学,人人都能获得必需的数学"的一次概括、提升和拓展,体现了《2011年版》对数学课程有了进一步的认识。《2022年版》在《2011年版》的基础上,增加了"应落实立德树人根本任务",这是数学课程定位的再一次提升,进一步明确数学课程应该致力于"落实立德树人的根本任务",体现了全面贯彻党的教育方针。

在这里,还有两个重要的内容需要我们关注,涉及教学理念和学习观念的问题,也关系到"双减"政策的落实问题。

一、人人都能获得良好的数学教育

这是由数学课程的"基础性"和"普及性"所决定的,体现了数学教育"面向全体"的理念,这是一个数学教育观的问题,教师应该为全体学生提供良好的数学教育。那么,什么样的数学教育才算是一种良好的数学教育?良好的数学教育应追求什么目标?对于以上问题的深入思考与准确把握,将有助于教师进一步整体把握数学教学的方向。我们认为:良好的数学教育,应该是数学核心素养导向的教育,要致力于让学生学会用数学眼光观察现实世界,要致力于让学生学会用数学思维思考现实世界,要致力于让学生学会用数学语言表达现实世界。因此,良好的数学教育,不仅要让学生获得数学的基础知识和基本技能,而且要让学生感悟数学基本思想和积累基本活动经验。良好的数学教育，是结果目标和过程目标同时达成、有机融合的教育，不仅要达成"知识与技能"方面的结果目标，而且要达成"过程与方法"和"情感态度与价值观"方面的过程目标。也就是，"良好的数学教育"要求数学课程的三维目标要"有机融合"与"整体达成"。

二、不同的人在数学上得到不同的发展

这是由数学课程的"发展性"所决定的，体现了数学教育尊重学生个性差异的理念，这是一个学习发展观和评价观的问题。在教学过程中，教师应该充分尊重学生的个性差异，以全面发展为导向，允许不同的学生在数学学习上得到不同的发展。倡导学生的数学学习要与自己进行纵向比较，只要在原有的基础上有所发展，那么就是一种值得赞扬的进步，不要将学生的学习情况与他人进行横向比较，盲目追求"超越"别人，这样就会产生过重的学习负担，这与当下的"双减"政策不相符。因此，在"双减"政策背景下，教师应该引导家长认识到学生的个体差异，让家长理解并认同"不同的人在数学上获得不同发展"的理念。

通过对数学课程的正确认识，树立正确的数学课程观，我们可以获得以下教学启示：数学课程的实施是以数学核心素养为导

向,"数学眼光""数学思维""数学语言"的核心素养目标与"知识与技能""过程与方法""情感态度与价值观"三维目标不是互相独立和割裂的,而是一个密切联系、相互交融的有机整体,核心素养和三维目标的整体实现,是学生受到良好数学教育的重要标志,对学生的全面、持续、和谐发展有着重要的意义。因此,教师在教学实施过程中,要自觉将核心素养和三维目标的"有机结合"与"整体实现"作为教学目标的价值取向,不能将它们简单割裂开来,要在"结果目标"和"过程目标"的达成中形成和发展学生的数学核心素养。

第二节 课程内容的认识

课程内容是实现课程目标的重要载体,同时也是教师课堂教学的主要依据,因此,对于课程内容的认识,不仅有利于研究教材和把握教学,而且有利于开发和利用课程资源。数学的课程内容既要反映社会的需要、数学的特点,也要符合学生的认知规律,它不仅包括数学结果(基本结论),也包括数学结果的形成过程和蕴含的数学思想。在这里值得注意的是,数学结果是课程内容,数学结果的形成过程和蕴含的数学思想也是课程内容的重要组成部分,这是传统课程内容观的一次发展。

一、课程内容的选择

《实验稿》认为："学生的数学学习内容应当是现实的、有意义的、富有挑战性的，这些内容要有利于学生主动地进行观察、实验、猜测、验证、推理与交流等数学活动。"《2011年版》指出："课程内容的选择要贴近学生的实际，有利于学生体验与理解、思考与探索。"《2022年版》指出："保持相对稳定的学科体系，体现数学学科特征；关注数学学科发展前沿与数学文化，继承和弘扬中华优秀传统文化；与时俱进，反映现代科学技术与社会发展需要；符合学生的认知规律，有助于学生理解、掌握数学的基础知识和基本技能，形成数学基本思想，积累数学基本活动经验，发展核心素养。"

在这里，我们可以清晰地看出关于课程内容选择观念的发展变化。第一，从《实验稿》强调课程内容应当是"现实的、有意义的、富有挑战性的"特点，到《2011年版》强调课程内容的选择"要贴近学生的实际"，发展到《2022年版》强调课程内容的选择要"关注数学学科发展前沿与数学文化，继承和弘扬中华优秀传统文化"，进一步丰富了课程内容选择的内涵，尤其是提出了"继承和弘扬中华优秀传统文化"的要求，这是落实"立德树人"根本任务的基本要求，是课程内容选择的第一条原则。第二，《2022年版》提出课程内容的选择要"保持相对稳定的学科体系，体现数学学科特征"的要求，强调课程内容要保持学科体系的稳定性，要体现学科的特殊性——抽象性、严谨性和广泛性，这是课程内容选择的第二条原则。第三，课程内容的选择要符合学生的认知规律，要有助于学生理解、掌握数学的基础知识和基本技能，形成数学基本思想，积累数学基本活动经验，要有利于发展学生的核心素养，这里提出了"四基"导向和"素养"导向的要求。

二、课程内容的组织

《实验稿》对课程内容的组织没有相应的表述，《2011年版》指出："课程内容的组织要重视过程，处理好过程与结果的关系；要重视直观，处理好直观与抽象的关系；要重视直接经验，处理好直接经验与间接经验的关系。课程内容的呈现应注意层次性和多样性。"《2022年版》指出："重点是对内容进行结构化整合，探索发展学生核心素养的路径。重视数学结果的形成过程，处理好过程与结果的关系；重视数学内容的直观表述，处理好直观与抽象的关系；重视学生直接经验的形成，处理好直接经验与间接经验的关系。"

关于课程内容的组织，《2022年版》强调三个方面的基本原则：要重视数学结果的形成过程，要重视数学内容的直观表述，要重视学生直接经验的形成。要求要处理好"过程与结果""直观与抽象""直接经验与间接经验"三对关系，为教学内容的编写、处理、分析与研究指明了方向。我们在"直接经验与间接经验"这对关系上，认识比较模糊，关注得比较不够，应该引起足够的重视。一般而言，学生亲身经历活动过程而获得的经验是直接经验，学生间接经历活动过程而获得的经验是间接经验，学生通过动手实践、自主探索与合作交流等方式，可以积累一些直接经验，通过认真听讲、独立思考等方式，可以积累一些间接经验。然而，对于数学学习来说，直接经验与间接经验同等重要，我们不能随意偏颇夸大其中一方的作用。因此，教师在教学中要辩证地处理好直接经验与间接经验的关系，过分强调、夸大直接经验或间接经验都是不科学、不合理的。然而，是让学生通过动手实践、自主探索与合作交流等方式获得直接经验还是让学生通过认真听讲、独立思考等方式获得间接经验，必须根据具体教学内容的特点和性质进行确定。

我国现有义务教育"六三"学制和"五四"学制并存，大多数采用"六三"学制，即小学六年初中三年，少部分地区（如上海）实行"五四"学制，即小学五年初中四年，六年级学生在初中进行学习。因此，根据我国现有两种学制并存的实际情况，课程内容的组织还要根据"六三"学制和"五四"学制各自的特点，合理组织与安排课程内容。

三、课程内容的呈现

《实验稿》指出:"内容的呈现应采用不同的表达方式,以满足多样化的学习需求。"《2011年版》指出:"课程内容的呈现应注意层次性和多样性。"《2022年版》指出:"注重数学知识与方法的层次性和多样性,适当考虑跨学科主题学习;根据学生的年龄特征和认知规律,适当采取螺旋式的方式,适当体现选择性,逐渐拓展和加深课程内容,适应学生的发展需求。"

关于课程内容的呈现,《实验稿》关注到多样化学习的需要,提出内容的呈现应该采用不同的表达方式,《2011年版》在原有的基础上,明确提出内容呈现应该注意层次性和多样性,《2022年版》进一步完善,并强调内容呈现的三个基本原则:一是要体现数学知识与方法的层次性和多样性,二是要适当考虑跨学科主题学习,三是要适当采取螺旋式的方式,适当体现选择性,逐渐拓展和加深课程内容,适应学生的发展需求。

第三节 教学活动的认识

教学是课程实施的重要环节。对教学活动的认识非常重要,它将直接影响到教学实施的导向和效果。数学课程标准从教学活动的概念、教学活动的要求、数学学习的方式等方面，具体阐述了教学活动的相关理念。

一、教学活动的概念

《实验稿》没有给出教学活动的明确概念，只给出教学活动中学生和教师的角色定位，指出"学生是数学学习的主人，教师是数学学习的组织者、引导者与合作者"。《2011年版》指出："教学活动是师生积极参与、交往互动、共同发展的过程。有效的教学活动是学生学与教师教的统一，学生是学习的主体，教师是学习的组织者、引导者与合作者。"《2022年版》指出："有效的教学活动是学生学和教师教的统一，学生是学习的主体，教师是学习的组织者、引导者与合作者。"

关于教学活动的认识，《2011年版》强调教学活动的三个基本属性，即师生的积极参与、交往互动、共同发展。这里的"积极参与"是对教学活动的要求，要求师生双方都应该"积极参与"教学活动；"交往互动"是对活动方式的建议；"共同发展"是教学活动的目标，即通过教学活动，不仅学生获得了相应的发展，而且教师也获得了专业成长，这是传统教师观的一次新进展。《2011年版》和《2022年版》都强调了教学活动的两个关键要素：教师"教"和学生"学"，并要求"有效的教学活动是学生学与教师教的统一",教师的"教"重点在于"启发引导",学生的"学"关键在于"主动参与",这为教师准确把握教学活动的本质指明了方向。因此,在教学活动中,教师如何立足教学内容进行必要的启发引导、如何通过有效的教学活动让学生的学习变"被动"为"主动",都是教学研究的重要问题。

关于教学活动中教师和学生的角色定位问题,三个数学课程标准的理念基本相同,在教学活动中,学生处于主体地位,教师起着主导作用,是教学活动的组织者、引导者和合作者,这就是"双主体"教学观的具体体现。

二、教学活动的要求

《实验稿》指出:"数学教学活动必须建立在学生的认知发展水平和已有的知识经验基础之上。"《2011年版》指出:"教师教学应该以学生的认知发展水平和已有的经验为基础,面向全体学生,注重启发式和因材施教。"《2022年版》指出:"教学活动应注重启发式,激发学生学习兴趣,引发学生积极思考,鼓励学生质疑问难,引导学生在真实情境中发现问题和提出问题,利用观察、猜测、实验、计算、推理、验证、数据分析、直观想象等方法分析问题和解决问题"。

从这里可以看出,对教学活动的要求经历了一个逐步发展和丰富的过程,《2022年版》强调了教师组织教学活动的基本要求。

在宏观方面，要求教师要注重启发式教学，这是教学活动的基本导向，其他教学方式都是启发式教学的有益补充，这充分体现了我国特色教学方法得以继承与发扬。在微观方面，要求教师在教学过程中做到四个"要"：一是要激发学生学习兴趣，二是要引发学生积极思考，三是要鼓励学生质疑问难，四是要引导学生在真实情境中提高发现问题、提出问题、分析问题和解决问题的能力，这些都是教学活动的基本要求。

三、数学学习的方式

《实验稿》指出："有效的数学学习活动不能单纯地依赖模仿与记忆，动手实践、自主探索与合作交流是学生学习数学的重要方式。"这一表述不够全面、不够准确，容易引起误解。在 21 世纪课程改革初期，教师不敢提"讲授法"和"启发式教学"，一味追求"自主学习""合作学习"和"探究学习"。有的教师在一些数学规定（约定）的知识教学中，花了大量时间组织学生开展探究学习和发现学习，这是不科学、不可取的。《2011 年版》对《实验稿》的表述进行了修正、补充，指出："学生学习应当是一个生动活泼的、主动的和富有个性的过程。认真听讲、积极思考、动手实践、自主探索与合作交流等，都是学习数学的重要方式。"它明确提出：认真听讲、积极思考、动手实践、自主探索与合作交流等，都是学习数学的重要方式。《2022 年版》指出：

"学生的学习应是一个主动的过程，认真听讲、独立思考、动手实践、自主探索、合作交流等是学习数学的重要方式。"把"积极思考"改为"独立思考"，强调了"独立思考"在发展学生数学核心素养中的作用。

关于数学学习方式的问题，近20年来经历了一个从感性到理性的发展过程。课程改革初期，体现了一股盲目崇拜西方学习方式的热潮，一时间探究学习、合作学习遍地开花，盲目"探究"、盲目"合作"，经过轰轰烈烈的10年改革与实践，促进我们深入总结和冷静思考，从感性回归理性，开始重视"认真听讲、积极思考"在数学学习中不可或缺的地位和作用，《2022年版》把"积极思考"改为"独立思考"，更加凸显了数学学习的本质。除此之外，《2022年版》淡化"学习方式"之争，强调"数学学习"之本，补充"数学学习"的四个价值取向：一是通过数学学习，促进学生理解和掌握数学的基础知识和基本技能；二是通过数学学习，促进学生体会和运用数学的思想与方法；三是通过数学学习，促进学生获得数学的基本活动经验；四是通过数学学习，培养学生良好的学习习惯，形成积极的情感、态度和价值观，逐步形成核心素养。

四、教师教学的启示

第一，教师的教学要确定好"教学起点"。这里的教学起点包括逻辑起点和现实起点两个方面，逻辑起点必须从数学学科知识体系的角度进行分析，找准知识的生长点；现实起点必须从学生的实际情况进行分析，认真剖析学生的发展水平和已有经验，包括学生的生活经验与数学经验、直接经验与间接经验、观察经验、思维经验与表达经验，找到学生的最近发展区，这是数学教学的重要基础。

第二，教师的教学要传承好富有中国特色的教学方法。孔子的启发式和因材施教的教学思想在我国具有悠久的历史，在数学教育中发挥着重要的作用，取得过显著的成绩。教师在数学教学中应该自觉进行继承与发扬，面向全体学生，注重启发式和因材施教，不能一味地追求新的教法，随意丢弃我国传统的优秀教学方法，而要根据教学内容的实际情况选择合适的教学方法。启发式教学是具有我国特色的一种有效教学方法，符合我国的国情和实际情况，需要教师在教学实践中继承并发扬光大。

第三，教师的教学要发挥好主导作用，不能过分强调学生的主体地位而忽视教师在教学中的主导作用，"双主体"教学观下教师的主导作用主要体现在两个方面。一是在教学过程中处理好教师讲授与学生自主学习的关系，处理好这对关系，不仅有利于正确理解和把握接受学习与自主学习的关系，而且有利于提高课堂教学的有效性。二是在教学过程中处理好学生独立思考与动手操作、合作交流的关系，不能一味强调动手操作、合作交流而忽视留出必要时间让学生进行独立思考。这里必须明确的是，动手操作与合作交流是数学学习的重要方式，独立思考也是数学学习不

第一章 通过基本理念正确树立教学观念

可或缺的重要方式，缺少独立思考，"学会用数学的思维思考现实世界"就会失去重要保证，数学学习就无法引向深入，知识与技能就无法很好理解和掌握，数学思想与方法就不能很好得以体会和运用，活动经验就无法很好得以归纳和总结，这些问题以往我们关注得还不够，在今后的教学中要引起足够的重视。

第四，教师的教学要致力于帮助学生理解和掌握数学的基础知识和基本技能，体会和运用数学的思想和方法，获得数学的基本活动经验，培养学生良好的学习习惯，形成积极的情感、态度和价值观，逐步形成核心素养，为学生的后续数学学习奠定重要基础。这是教师教学活动的基本要求和价值取向。我们在教学过程中应该给予高度重视，自觉在教学内容的研读中加以分析，在教学目标的确定中加以思考，在教学过程的设计中加以落实，在教学效果的评价中加以反思，在教学实践中总结出行之有效的教学策略和教学经验。

第四节 教学评价的认识

《2022年版》指出："评价不仅要关注学生数学学习结果，还要关注学生数学学习过程，激励学生学习，改进教师教学。通过学业质量标准的构建，融合'四基''四能'和核心素养的主要表现，形成阶段性评价的主要依据。采用多元的评价主体和多样的评价方式，鼓励学生自我监控学习的过程和结果。"

一、评价的目的

评价在课程实施的过程中，具有重要的意义，评价不仅具有"筛选甄别"的功能，还具有"促进发展"的功能。传统意义上的教学评价，过分强调评价"筛选甄别"的功能，忽视评价的"促进发展"的功能。《2022年版》中的"评价不仅要关注学生数学学习结果，还要关注学生数学学习过程，激励学生学习，改进教师教学"强调教学评价从"筛选甄别"转向"促进发展"，强调评价不仅应该关注学生的数学学习结果，还要关注学生的数学学习过程，强调教学评价在"激励学生学习"和"改进教师教学"方面的积极意义，发挥评价的激励作用。

二、评价的标准

评价标准是教学评价的主要依据，在教学评价中起到导向的作用。《2022年版》强调通过学业质量标准的构建，融合"四基""四能"和核心素养的主要表现，形成阶段性评价的主要依据。《2022年版》在"学业质量"中，依据义务教育各阶段学生数学核心素养的主要表现与课程目标及其学业要求，对第一学段

（1—2年级）、第二学段（3—4年级）、第三学段（5—6年级）和第四学段（7—9年级）的数学学业质量标准分别进行了描述，这就为教学评价的实施奠定了重要基础。

三、评价的方式

一是要求评价主体要多元。评价主体不只是教师，家长、同学及学生本人也可以成为评价者。因此，我们在教学评价时，要根据各学段的相应评价标准，综合运用教师评价、学生自评、同伴互评、家长评价等方式，对学生的学习情况和教师的教学情况进行全方位的考查。例如，一个单元学习结束时，教师可以要求学生独立思考，形成一个单元学习小结，通过学生提交的单元学习小结，教师、学生、同伴、家长等评价主体就可以对学生的单元学习情况进行评价，也可以组织一次全班单元学习小结的展示，让学生之间互相交流，总结自己的进步，反思自己的不足以及需要改进的地方，汲取他人值得借鉴的经验。

二是要求评价方式要多样。书面测验（考试）是一种最常用的传统评价方式，评价方式还应包括口头测验、活动报告、课堂观察、课后访谈、课内外作业、成长记录等，有条件的地区也可以采用线上方式进行评价。因为每一种评价方式都有各自的特点、优点和不足，因此，教师在教学评价时，应该结合具体的学习内容和学习特点，选择适当的评价方式，对学生的学习情况进行科学合理的评价。例如，通过"课堂观察"这一评价方式，可以了解学生的学习过程、学习态度和学习策略；通过"课内外作业"这一评价方式，可以了解学生对基础知识和基本技能的掌握情况；通过"活动报告"这一评价方式，可以了解学生独立思考的习惯和合作交流的意识；通过"成长记录"这一评价方式，可以了解学生的发展变化。

四、评价的呈现

评价结果的呈现，应该更多地关注学生数学学习取得的进步，应该更多地关注学生数学学习的已有学业水平，应该更多地关注学生数学学习的提升空间。评价结果的运用，应有利于增强学生数学学习的自信心，应有利于提高学生数学学习的兴趣，应有利于促进学生养成良好的学习习惯，应有利于促进学生数学核心素养的形成和发展。

根据不同学段学生的年龄特征，评价结果的呈现，应该采用定性与定量相结合的方式，我们应该根据不同学段的特点，选择适当的方式，对学生学习情况的评价结果进行合理的呈现。一般情况下，第一学段（1—2年级）的评价应以定性的描述性评价方式为主，第二学段（3—4年级）、第三学段（5—6年级）的评价可以采用描述性评价和等级评价相结合的方式，第四学段（7—9年级）可以采用等级评价和分数制评价相结合的方式。

第二章

通过核心素养准确把握教学导向

我国在20世纪针对小学算术或小学数学共颁布了7个课程标准和8个教学大纲,进入21世纪后,到目前为止,教育部颁布了3个数学课程标准——《实验稿》《2011年版》《2022年版》。纵观我国近100年来颁布的18个课程标准(教学大纲),不难发现,对数学教学的要求已从能力导向逐步走向素养导向,这体现了我国社会发展对人才培养的要求发生了深刻的变革。本章主要探讨义务教育数学课程标准中核心素养的有关教学问题。

第一节 数学核心素养的内涵与表现

21世纪初,经济合作与发展组织(OECD)启动了"素养的界定与遴选:理论与概念基础"项目(DeSeCo),最早提出了

"核心素养"的结构模型,并提出了三项核心素养:能使用工具沟通互动、能在社会异质团体运作、能自主行动。我国学者从不同的角度给出了自己的诠释。张华教授强调核心素养的"一般性和普遍性",认为"核心素养不是只适用于特定情境、特定学科或特定人群的特殊素养,而是适用于一切情景和所有人的普遍素养";余文森教授强调核心素养的"基础性和生长性",认为"核心素养是最基础、最具生长性的关键素养,核心素养的形成具有关键期的特点,错过了关键期就很难弥补";刘恩山教授强调核心素养的"学科性",认为"核心素养是一种跨学科素养,它强调各学科都可以发展的、对学生最有用的东西"。[1] 辛涛教授等人从"功能"的角度强调核心素养的"个体性和社会性",认为核心素养的含义比知识和技能更加宽广,比能力的意义更加宽泛,核心素养不仅能够促进个体发展,同时有助于形成运作良好的社会。[2]

从教育的角度看,核心素养的本质就是"培养什么样的人"的问题,它的内涵具有时代性,社会发展的不同时期对人的素养的要求不同,为了更好地适应个人发展和社会发展的需要,不同时代的人必须具备不同的素养。

2014年,《教育部关于全面深化课程改革落实立德树人根本

---

[1] 施久铭.核心素养:为了培养"全面发展的人"[J].人民教育,2014(10):13-15.
[2] 辛涛,姜宇,刘霞.我国义务教育阶段学生核心素养模型的构建[J].北京师范大学学报(社会科学版),2013(1):5-11.

任务的意见》中指出："研究提出各学段学生发展核心素养体系，明确学生应具备的适应终身发展和社会发展需要的必备品质和关键能力"。在这里，"核心素养体系"被置于深化课程改革、落实立德树人教育目标的重要位置，并从"适应个人发展"和"适应社会发展"两个角度提出了要求。北京师范大学林崇德教授主编的《21世纪学生发展核心素养研究》一书把核心素养界定为：核心素养是学生在接受相应学段的教育过程中，逐步形成的适应个人终身发展和社会发展需要的必备品格和关键能力。[①]

2016年9月13日，《中国学生发展核心素养》研究成果发布会在北京师范大学举行，中国学生发展核心素养以培养"全面发展的人"为核心，整体分为文化基础、自主发展、社会参与三个维度，每个维度对应两个方面内容，分别是人文底蕴、科学精神、学会学习、健康生活、责任担当、实践创新六个方面，每个方面对应三个基本要点，分别为人文积淀、人文情怀、审美情趣，理性思维、批判质疑、勇于探究，乐学善学、勤于反思、信息意识，珍爱生命、健全人格、自我管理，社会责任、国家认同、国际理解，劳动意识、问题解决、技术运用等18个要点。至此，我国对核心素养的研究有了重要突破。

2017年，教育部颁布了《普通高中数学课程标准（2017年版）》，明确提出数学学科核心素养是数学课程目标的集中体现，

---

① 林崇德.21世纪学生发展核心素养研究[M].北京：北京师范大学出版社，2016：29.

是具有数学基本特征的思维品质、关键能力以及情感、态度与价值观的综合体现，是在数学学习和应用的过程中逐步形成和发展的。《普通高中数学课程标准（2017年版）》从数学学科的角度界定了数学核心素养，指出：数学学科核心素养包括数学抽象、逻辑推理、数学建模、直观想象、数学运算和数据分析。这些数学学科素养既相对独立，又相互交融，是一个有机的整体。

数学核心素养是我国新时代数学教育研究的重要课题，是数学课程的重要内容，是数学课程的重要目标，是数学教学的根本导向。因此，正确理解和精准把握数学核心素养的内涵，有利于把握好课堂教学的价值取向，有利于处理好数学课程的精准实施，有效提高教师的教学质量，更好地促进学生达成学业质量标准。

《2022年版》从数学课程的角度界定了数学核心素养，强调体现数学课程的育人价值取向，该版数学课程标准指出，义务教育阶段数学核心素养主要包括以下三个方面：一是会用数学的眼光观察现实世界。在义务教育阶段，数学眼光主要表现为抽象能力（包括数感、量感、符号意识）、几何直观、空间观念与创新意识。二是会用数学的思维思考现实世界。在义务教育阶段，数学思维主要表现为运算能力、推理意识或推理能力。三是会用数学的语言表达现实世界。在义务教育阶段，数学语言主要表现为数据意识或数据观念、模型意识或模型观念、应用意识。

综上所述，核心素养是我国当前"培养全面发展、肩负中华民族伟大复兴重任的时代新人"的需要,普通高中阶段的数学核心素养侧重于数学学科育人的价值取向,义务教育阶段的数学核心素养侧重于数学课程育人的价值取向。基础教育阶段的数学核心素养具有整体性、一致性和发展性,在不同的阶段具有不同表现:小学阶段侧重对经验的感悟,核心素养的形成主要表现为"意识";初中阶段侧重对概念的理解,核心素养的形成主要表现为"观念";高中阶段侧重对实践的应用,核心素养的形成主要表现为"能力"。最终经过 12 年的数学学习,从数学眼光发展成数学抽象能力,从数学思维发展成逻辑推理能力,从数学语言发展成数学建模能力。

为了便于理解,本节重新梳理了小学阶段数学核心素养及其主要表现。核心素养包括数学眼光、数学思维和数学语言三个维度:数学眼光对应的主要表现有六个方面——数感和量感、几何直观和空间观念、符号意识和创新意识(即两感、两观、两意识);数学思维对应的主要表现有两个方面——运算能力、推理意识(即一能力、一意识);数学语言对应的主要表现有三个方面——数据意识、模型意识、应用意识(即三意识)。

义务教育阶段数学课程内容分为数与代数、图形与几何、统计与概率、综合与实践四个领域。下面,结合前四个知识领域的学习内容,重点阐述数感、量感、空间观念、符号意识、推理意识、数据意识和应用意识七个关键词的内涵及其教学问题,几何直观、创新意识、运算能力和模型意识的内涵及其教学问题,将在第四章结合数学"四能"进行详细阐述。

第二节 数与代数关联的核心素养

数与代数是小学数学课程的重要学习内容,大约占数学课程内容的 60%,主要包括"数与运算"和"数量关系"两个主题。"数与运算"包括整数、小数、分数的认识及其四则运算。

数是代数的研究对象,数是事物"量"的一种抽象,自然数是自然量的抽象,负数是相反意义的量的抽象,小数和分数是非自然量的抽象。整数、小数和分数都有相应的计数单位,这里体现了数的一致性,自然数的计数单位是"1",负整数的计数单位是"-1",分数的计数单位是"几分之一",一位小数的计数单位是"0.1",两位小数的计数单位是"0.01"。整数、小数、分数都具有可数性,这又是数的一致性的体现,它们都能用相应的计数单位"数一数",通过"数数"的方法就可以产生新的数,从而形成相应的数集。因此,在数的认识中,关联的核心素养主要是"数学眼光",主要表现在数感和符号意识。教师应该引导学生初步体会数是对量的抽象,并用对应的数学符号进行表示,理解数的意义,掌握数的读写法,感悟数的本质的一致性,形成和发展数感和符号意识。

第二章　通过核心素养准确把握教学导向

运算是关系的一种抽象，加减法运算的本质是计数单位的累计，乘除法运算的本质是几个几的累计，加法运算是四则运算的重要基础，减法是加法的逆运算，乘法是相同加数和的一种简便运算，除法是乘法的逆运算，加减乘除四种运算构成了四则运算体系。因此，在数的运算中，关联的核心素养主要是"数学思维"，主要表现在运算能力和推理意识。教师应该引导学生经历算理和算法的探索过程，理解算理，掌握算法，感悟数的运算以及运算之间的关系，体会数的运算本质的一致性，形成和发展运算能力和推理意识。

数量关系主要是指用数学符号（包括字母）或含有符号的式子表达数量关系或变化规律。数量关系主要蕴含在具体情境或数学问题之中，从这个角度看，数的四则运算本质上是简单数量关系的一种抽象。因此，在数量关系中，关联的核心素养主要是"数学语言"，主要表现在模型意识和应用意识。教师应该让学生经历在具体情境中抽象出数量关系并列式解答的过程，感悟加法模型和乘法模型的意义，提高发现问题、提出问题、分析问题和解决问题的能力，形成模型意识和应用意识。

下面主要介绍数感、符号意识、推理意识及其相关的教学问题。

数感是核心素养"会用数学的眼光观察现实世界"的主要表现之一，《2022年版》指出："数感主要是指对于数与数量、数量关系及运算结果的直观感悟。"数感是一种直观感悟，是形成抽象能力的经验基础，建立数感有助于理解数的意义和数量关系，初步感受数学表达的简洁与精确，增强好奇心，培养学习数学的兴趣。数感的形成主要体现在以下几个方面：一是能够在真实情境中理解数的意义，能用数表示物体的个数或事物的顺序；二是能在简单的真实情境中进行合理估算，作出合理判断；三是能初步体会并表达事物蕴含的简单数量规律。

符号意识是核心素养"会用数学的眼光观察现实世界"的主要表现之一，《2022年版》指出："符号意识主要是指能够感悟符号的数学功能。"符号是数学的语言，是数学的工具。数学符号具有抽象性、可操作性、简约性和通用性的特点，它在数学发展中具有不可替代的作用，从本质上说，数学符号是数学抽象的结果。符号意识是形成抽象能力和推理能力的经验基础，符号意识的形成主要体现在以下几个方面：一是知道符号表达的现实意义；二是能够初步运用符号表示数量、数量关系和一般规律；三是知道用符号表达的运算规律和推理结论具有一般性；四是初步体会符号的使用是数学表达和数学思考的重要形式。

因此，在数的认识教学中，教师应该注意通过培养数感和符号意识，发展学生的数学核心素养，主要包括以下几个方面。

第一，让学生在真实情境中理解数的意义。自然数有两种意义：一是表示"基数"，即物体的个数；二是表示"序数"，即事物的顺序。分数通常有三种意义：一是表示"数量"，二是表示部分与整体的"关系"，三是表示一个量与另一个量的"比"。小数是一种十进分数。教学时，教师可以借助真实情境，让学生经历数的抽象过程，感悟数的本质一致性，用数学符号进行表示，理解数的意义，掌握数的读写法，从而培养学生的数感和符号意识，让学生学会用数学的眼光观察现实世界，形成和发展数学核心素养。

第二，让学生在数形结合中理解数的大小。数是量的一种抽象，量有多有少，数就有大有小，数的大小直接决定了数具有"可比性"。数的大小本质上体现的是一种数量关系，因此，整数、小数和分数具有一致性。教学时，教师可以借助小棒、圆片等直观教具，让学生初步体会数的大小关系。同时，还可以借助"数线"，通过数形结合的方式，让数的大小关系直观体现在"数线"的位置上。引导学生观察"数线"上对应的位置，直观感悟整数、小数和分数之间的大小关系，培养数感，发展数学核心素养。

第三，让学生在"数一数"中体会数系的关系。整数、小数、分数都是离散量的抽象，因此，整数、小数、分数都具有"可数性"。教学时，教师可以借助直观图，引导学生用相应的计数单位数一数，直观感悟小数与整数、分数与整数的关系。比如，用 0.1 为单位数一数，1 个 0.1 就是 0.1，2 个 0.1 就是 0.2，……，10 个 0.1 就是 1，从而感悟小数计数单位"0.1"与自然数计数单位"1"之间的关系。用 $\frac{1}{4}$ 为单位数一数，1 个 $\frac{1}{4}$ 就是 $\frac{1}{4}$，2 个 $\frac{1}{4}$

就是$\frac{2}{4}$，3个$\frac{1}{4}$就是$\frac{3}{4}$，4个$\frac{1}{4}$就是1，从而感悟分数计数单位"$\frac{1}{4}$"与自然数计数单位"1"之间的关系。直观感悟计数单位之间的关系，对于培养学生的数感具有重要意义。

推理意识是核心素养"会用数学的思维思考现实世界"的主要表现之一，《2022年版》指出："推理意识主要是指对逻辑推理过程及其意义的初步感悟。"推理是我们日常生活和数学思考的重要方式，推理包括合情推理和演绎推理。合情推理是指从已有的事实出发，凭借经验和直觉，通过归纳或类比推断结果的一种思维方式，包括归纳推理和类比推理。合情推理的结果不一定正确，但是常常会创新。演绎推理是指从已有的事实或命题出发，依据逻辑规则推断结果的一种思维方式，演绎推理的结果一定正确，但是往往不会创新。在数学学习中，二者常常相辅相成，用合情推理探索思路、获得猜想，用演绎推理解决问题、证明结论。

推理意识有助于养成讲道理、有条理的思维习惯，增强交流能力，是形成推理能力的经验基础。推理意识的形成主要体现在以下几个方面：一是能够通过简单的归纳或类比，猜想或发现一些初步的结论；二是知道可以从一些事实和命题出发，依据规则推出其他命题或结论；三是通过法则运用，体验数学从一般到特殊的论证过程；四是对自己及他人的问题解决过程给出合理解释。上述第一方面是合情推理的主要表现，另外三个方面是演绎推理的主要表现。

  数的运算关联的核心素养主要是"数学思维",主要表现在运算能力和推理意识。因此,对于运算的教学,我们不能仅仅停留在理解算理、掌握算法的层面上,而应从推理的高度重新思考运算的教学价值。运算是培养学生推理意识的重要载体,应该引起我们足够的重视。一般地,算法常常蕴含着合情推理,算理常常蕴含着演绎推理。比如,在 12×34 的整数乘法基础上,要学习 1.2×3.4 的小数乘法,教师可以引导学生回顾 12×34 竖式计算的算法,然后启发学生通过类比推理的方式,获得 1.2×3.4 竖式计算方法的基本猜想,在这个过程中就培养了学生类比推理的意识。引导学生进一步思考——小数乘法竖式计算都是这样吗?再列举两个例子进行验证,引导学生进行观察,通过归纳的方式发现小数乘法竖式计算的一般规律,从而得出小数乘小数的一般算法,这个过程就培养了学生归纳推理的意识。在此基础上,教师可以进一步引导学生思考——为什么可以这样算呢?让学生理解算理,学生说理或合理解释的过程本质上就是演绎推理的过程,这个过程就培养了学生演绎推理的意识。这样,在小数乘法的教学中,我们就让学生经历了算理和算法的探索过程,感悟了整数乘法与小数乘法运算的一致性,培养了运算能力和推理意识,让学生逐步学会用数学的思维思考现实世界,促进学生数学核心素养的形成与发展。

第三节　图形与几何关联的核心素养

图形与几何是小学数学课程的主要学习内容，大约占数学课程内容的 30%，主要包括"图形的认识与测量"和"图形的位置与运动"两个主题。图形的认识主要是指立体图形和平面图形的认识，图形的测量主要是指线段长度的测量和图形周长、面积、体积的计算。图形的位置主要是指确定点的位置，图形的运动主要是指平移、旋转和轴对称。

图形是几何的研究对象，图形是物体"形"的一种抽象，点、线、面、体是几何学的基本问题，顶点、边、角是平面图形的三个基本要素，顶点、棱、面是立体图形的三个基本要素。因此，图形的认识主要包括图形的概念、图形的特征、图形的性质、图形的位置关系等，关联的核心素养主要是"数学眼光"，主要表现在"空间观念"。教师应该引导学生经历从实际物体抽象成几何图形的过程，认识图形的概念、特征，理解图形的性质，体验图形的位置关系，感悟图形本质的一致性，积累观察和思考的经验，逐步形成和发展空间观念。

图形的测量是图形"量化"的结果，长度是线段一维大小的量化，周长是图形一维大小的量化，面积是图形二维大小的量化，体积是图形三维大小的量化。因此，图形的测量主要包括线段的长度，平面图形的周长和面积，立体图形的棱长、表面积、侧面积、底面积和体积等，关联的核心素养主要是"数学眼光"和"数学思维"。在长度单位、面积单位和体积单位的认识中，主要关联"数学眼光"，主要表现在量感；在周长、面积、体积公式的推导中，主要关联"数学思维"，主要表现在推理意识。因此，在度量单位教学中，教师应该引导学生经历长度、角度、面积、体积统一度量单位的过程，感受统一长度、角度、面积、体积度量单位的必要性，建立长度、角度、面积、体积对应一个标准量大小的直观表象，体会度量单位本质的一致性，感悟变中不变思想，形成和发展量感。在图形测量的教学中，教师应该引导学生理解长度、角度、面积、体积的几何意义，在图形周长、面积、体积计算方法的探索中体会图形测量本质的一致性，感悟推理思想，形成和发展推理意识。

图形位置的描述方式通常有方位词、数对以及观测点、方向和距离。方位词主要有前后、左右、上下以及东南西北等，《2022年版》把这些方位词的学习从图形与几何领域移到了综合与实践领域。因此，在图形与几何领域中，图形的位置主要研究"点"的位置的描述方式，主要包括用数对确定位置和用观测点、方向和距离确定位置，这两种描述物体位置的方式本质上具有一致性，都是物体位置的一种量化表达形式，都是借助参照、方向和距离描述物体的位置。因此，图形的位置关联的核心素养主要是

"数学眼光",主要表现在"空间观念",教师应该让学生在实际情境中,学会用数对描述物体的位置,促进学生形成和发展空间观念。

图形的运动在小学阶段主要学习平移、旋转和轴对称,本质上这三种运动都是刚体运动,即一个图形通过平移、旋转和轴对称后,图形中任意两点之间的距离保持不变。图形的这三种运动,变的是"图形的位置",不变的是"图形的形状和大小",这就是图形运动本质的一致性。平移的关键在于确定平移的方向和距离,基础在于点和线的平移,目标在于图形(面)的平移。旋转的关键在于确定旋转中心、方向和角度,基础在于点和线的旋转,目标在于图形(面)的旋转。轴对称的关键在于确定对称轴和对称点,基础在于点和线关于轴的对称,目标在于图形(面)关于轴的对称。因此,图形的运动关联的核心素养主要是"数学眼光",主要表现在"空间观念"和"几何直观"。教师应该让学生在现实生活中经历图形运动的抽象过程,认识平移、旋转和轴对称的特征,感悟图形运动的一致性,体会变中不变思想,促进学生形成和发展空间观念和几何直观。

下面主要介绍量感、空间观念及相关的教学问题。

量感是核心素养"会用数学的眼光观察现实世界"的主要表现之一,《2022年版》指出:"量感主要是指对事物的可测量属性及大小关系的直观感知。"建立量感有助于养成用定量的方法认识和解决问题的习惯,是形成抽象能力和应用意识的经验基础。

量感包含三个层面的含义：一是对事物相关"量"的可测量属性的感知，比如感知"长度"这个量可以测量；二是对事物一个"标准量"大小的感知，比如感知"长度"单位 1 毫米、1 厘米、1 分米、1 米有多长；三是对事物多个"标准量"之间关系的感知，比如感知 10 毫米 =1 厘米、10 厘米 =1 分米、10 分米 =1 米。这三个方面的内容都关系到量感的形成与发展。

量感的形成主要体现在以下几个方面：一是知道度量的意义，能够理解统一度量单位的必要性；二是会针对真实情境选择合适的度量单位进行度量，会在同一度量方法下进行不同单位的换算；三是初步感知度量工具和方法引起的误差，能合理得到或估计度量的结果。

空间观念是核心素养"会用数学的眼光观察现实世界"的主要表现之一。《2022 年版》指出："空间观念主要是指对空间物体或图形的形状、大小及位置关系的认识。"空间观念有助于理解现实生活中空间物体的形态与结构，是形成空间想象力的经验基础。空间观念主要表现为"三动"："动脑"想象、"动口"描述、"动手"画图。

空间观念的形成主要体现在以下几个方面：一是能够根据物体特征抽象出几何图形，根据几何图形想象出所描述的实际物体；二是想象并表达物体的空间方位和相互之间的位置关系；三是感知并描述图形的运动和变化规律。

因此，教师在图形与几何领域知识的教学中，要注意促进学生量感、空间观念、几何直观、推理意识的形成，发展学生的数学核心素养。

第一，在图形认识的教学中，要通过直观教学手段，让学生在直观观察中建立平面图形和立体图形的直观表现，理解图形的特征、性质和关系，学会用数学的眼光观察现实世界，发展空间观念和几何直观。

第二，在度量单位的教学中，要引导学生感悟统一度量单位的必要性，建立一个标准量大小的直观表象，理解长度单位（毫米、厘米、分米和米）、面积单位（1平方毫米、1平方厘米、1平方分米和1平方米）以及体积单位（1立方毫米、1立方厘米、1立方分米和1立方米）内部之间的关系，学会用数学的眼光观察现实世界，发展量感。

第三，在周长公式、面积公式和体积公式的教学中，要引导学生经历从特殊到一般的思维过程，通过提出猜想并举例验证的方法，获得一般结论，培养学生归纳推理能力。要引导学生经历从平面图形面积到立体图形体积的类比过程，获得猜想并进行验证，得出新的结论，培养学生类比推理能力。要引导学生经历面积公式和体积公式的推导过程，在已有基本事实的基础上，通过逻辑推理的方式推断结果，培养学生演绎推理的能力。也就是说，在归纳推理、类比推理和演绎推理中，让学生学会用数学的思维思考现实世界，发展推理意识。

第四，在图形位置的教学中，要在现实情境中引导学生经历物体位置表达方式的量化过程，体会用数对和观测点、方向、距离等方式描述物体位置的必要性和优越性，感悟位置表达方式本质的一致性，发展学生的空间观念。

第五，在图形运动的教学中，要在直观观察的基础上引导学生经历从点到线再到面（简单的平面图形）的平移、旋转和轴对称的过程，体会图形运动的特点，感悟图形运动本质的一致性，体会变中不变思想，学会用数学的眼光观察现实世界，发展学生的空间观念和几何直观。

第四节　统计与概率关联的核心素养

统计与概率是小学数学课程的重要组成部分，大约占数学课程内容的10%，主要包括"数据的分类""数据的收集、整理与表达"和"随机现象发生的可能性"三个主题。这些内容分布在三个学段，由浅入深，循序渐进，互相联系，互相交融，统计中有概率，概率中有统计。在学习过程中，学生将了解统计与概率的基础知识，感悟数据的处理与分析的过程，形成数据意识、模型意识和应用意识。

数据的分类本质上是根据信息对事物进行分类，这是研究现实问题或生活现象的开始，也是最关键的一步。学生经历从事物分类到数据分类的过程，感悟根据事物的特点确定分类标准以及依据分类标准区分不同事物的过程。统计表本质上是数据分类的结果，从中可以感悟对事物共性的抽象过程，为统计知识的学习奠定重要基础。因此，数据分类主要关联的核心素养是"数学语言"，主要表现在数据意识和模型意识。

数据的收集、整理与表达主要包括数据的收集、数据的整理、数据的表达等过程。数据可以分为总体数据和抽样数据，小学阶段学生收集的数据主要是总体数据，初中阶段学生收集的数据常常是抽样数据。从数据来源看，数据可以分为现成的数据和非现成的数据，非现成的数据需要自己收集，常常采用调查、试验、测量、阅读资料等方法。当我们收集到一些数据后，这些数据常常是无序且比较杂乱，这时我们需要对数据进行整理，统计表是整理数据的主要工具，我们利用统计表可以把数据有序直观地呈现出来。数据的表达方式主要是利用统计图，包括条形统计图、折线统计图、扇形统计图。条形统计图通常用来直观呈现离散量的数据，折线统计图通常用来直观呈现连续量的数据，扇形统计图通常用来直观呈现部分与整体关系的数据，三种不同的统计图各有特点，要根据现实问题和具体情境选择合适的统计图直观表达数据。因此，数据的收集、整理与表达主要关联的核心素养是"数学语言"，主要表现在数据意识、模型意识和应用意识。

随机现象发生的可能性的教学是通过试验、游戏等活动，让学生了解简单的随机现象，感受随机现象发生可能性的大小，用

第二章 通过核心素养准确把握教学导向

"一定""不可能"和"可能"定性描述随机现象发生的可能性大小,体会可能性在生活中的应用,感悟数据的随机性。因此,随机现象发生的可能性主要关联的核心素养是"数学语言",主要表现在模型意识和应用意识。

下面主要介绍数据意识、应用意识及相关的教学问题。

数据意识是核心素养"会用数学的语言表达现实世界"的主要表现之一,《2022年版》指出:"数据意识主要是指对数据的意义和随机性的感悟。"包含两个层面的含义:一是对数据意义的感悟,感悟数据蕴含着信息,感悟通过数据可以发现规律,感悟数据的表达方式需要根据问题背景进行合理选择。二是数据随机性的感悟,为了研究某种生活现象或某件事情,感悟每次收集到的数据可能不同,具有随机性。形成数据意识有助于理解生活中的随机现象,逐步养成用数据说话的习惯。

数据意识的形成主要体现在以下几个方面:一是知道在现实生活中,有许多问题应当先做调查研究,收集数据,感悟数据蕴含着信息;二是知道同样的事情每次收集到的数据可能不同,而只要有足够的数据就可能从中发现规律;三是知道同一组数据可以用不同方式表达,需要根据问题的背景选择合适的方式。因此,教师在统计与概率领域知识的教学中,要注意发展学生的数据意识,让学生学会用数学的语言表达现实世界。

第一,让学生感悟数据蕴含着信息。数据是统计的研究对象,数据意识是现代社会每一个公民应该具备的基本素养,从本质上看，统计就是根据数据蕴含的规律作出预测和推断。现代社会是一个大数据时代，人们的生活离不开数据，常常需要人们根据当前呈现出来的数据对未来作出合理的决策。因此，我们要培养适应现代社会生活的合格公民，就应该让学生知道在现实生活中，为了研究问题首先应该通过调查、试验、测量、阅读资料等方法收集数据，数据常常蕴含大量有用的信息，从而发展学生的数据意识。

第二，让学生体验数据的随机性。数据的随机性主要体现在两个方面：一是同样的调查或试验，每次收集到的数据可能不相同；二是只要有足够的数据，就可以从数据中发现规律，这个规律常常是确定的。比如，为了研究抛硬币中是否蕴含着规律，可以通过试验来收集数据，每次都做 20 次试验，收集到的数据一般都不会相同，但是，只要有足够的数据，我们就能从中发现抛硬币的规律——正面朝上和反面朝上的可能性是相等的。上面的例子是一个随机事件，从根本上说是一个概率的问题。然而在研究过程中，我们常常需要借助统计的手段，因此，统计与概率常常紧密相连，教师应该在教学中让学生体会数据的随机性，发展学生的数据意识。

第三，让学生体会根据问题背景选择合适的表达方式。数据的表达方式主要有条形统计图、折线统计图和扇形统计图，条形统计图通常用来直观表达离散数据的变化规律，折线统计图通常用来表达连续数据的变化规律，扇形统计图通常用来表达部分与整体的关系。比如，在定点投篮比赛中，通过 10 次试验收集到的数据属于离散数据，因为在这里，"次数"是一个离散量，也就是在第 1 次和第 2 次中并不存在第 1.5 次、1.6 次、1.7 次等。在汽车速度的变化中，通过 10 秒试验收集到的数据属于连续数据，因为在这里，"时间"是一个连续量，也就是在第 1 秒和第 2 秒中还存在第 1.1 秒、1.2 秒、1.3 秒等。因此，教师在教学时，要让学生学会根据问题情境选择合适的方式表达数据，从而发展学生的数据意识。

应用意识是核心素养"会用数学的语言表达现实世界"的主要表现之一，《2022 年版》指出："应用意识主要是指有意识地利用数学的概念、原理和方法解释现实世界中的现象与规律，解决现实世界中的问题。"应用意识有助于用学过的知识和方法解决简单的实际问题，养成理论联系实际的习惯，发展实践能力。

应用意识的形成主要体现在以下几个方面：

第一，能够感悟现实生活中蕴含着大量与数量和图形有关的问题，可以用数学的方法予以解决。教师在数与代数、图形与几何、统计与概率领域的教学中，一方面应该让学生认识到数学在现实生活中随处可见，让学生体会到数学就在身边，感悟现实生活中的问题蕴含大量与数量、图形、统计、概率等紧密相关的问题，从本质上看，这是现实问题数学化的过程，是建立数学模型的过程；另一方面应该让学生感悟现实生活中的问题都可以抽象成数学问题，并用相应的数学知识和方法进行解决，从本质上看，这是一个求解数学模型的过程。因此，教师在教学时，应该重视让学生经历发现问题、提出问题、分析问题和解决问题的过程，在培养学生数学"四能"的同时，发展学生的应用意识。

第二，初步了解数学作为一种通用的科学语言在其他学科中的应用，通过跨学科主题学习建立不同学科之间的联系。数学不仅是运算和推理的工具，还是表达和交流的语言，数学作为一种科学语言在其他学科中有着广泛的应用，数学是自然科学的基础，在社会科学中也发挥着越来越重要的作用。因此，在综合与实践等领域的教学中，教师应该选取相应的活动主题，组织跨学科主题式学习活动，让学生在现实问题或真实情境中，学会从数学的角度发现问题、提出问题，综合运用跨学科的知识与方法，分析问题和解决问题。在跨学科主题式学习中，培养学生的数学"四能"，发展学生的应用意识，逐步学会用数学的语言表达现实世界。

第五节　综合与实践关联的核心素养

综合与实践是小学数学课程中不可或缺的重要组成部分。在这个领域的学习中，学生将在实际情境和真实问题中掌握一些常见的量以及描述方位的数学新知识，学会从数学的角度发现问题和提出问题，综合运用数学和其他学科的知识和方法，分析问题

第二章　通过核心素养准确把握教学导向

和解决问题，感悟数学与生活之间、数学知识之间、数学与其他学科之间的紧密联系，体会基本思想，积累基本活动经验，从而进一步学会用数学的眼光观察现实世界、用数学的思维思考现实世界、用数学的语言表达现实世界，形成和发展数学核心素养。

《2022年版》对综合与实践领域的学习方式和课程内容分别做了相应的调整。

在学习方式上，倡导开展主题式学习和项目式学习，建议第一学段（1—2年级）、第二学段（3—4年级）和第三学段（5—6年级）主要采用主题式学习，第三学段（5—6年级）根据实际情况可以适当采用项目式学习，第四学段（7—9年级）主要采用项目式学习。

在课程内容上，强调通过主题式进行学习，主题活动可以分成两大类：一是融入数学新知识学习的主题活动，二是运用跨学科知识解决问题的主题活动。

在融入数学新知识学习的主题活动中，《2022年版》把原来分布在数与代数和图形与几何领域中常见的量（货币单位、时间单位、质量单位）、负数以及方向与位置（上、下、左、右、前、后，东、南、西、北）等知识移到了综合与实践领域，组成了相应的主题活动。这一类主题活动主要关联的核心素养是"数学眼光"，主要表现在量感、数感和空间观念上。例如：

在第一学段和第二学段货币单位（元、角、分）、时间单位（时、分、秒，年、月、日）和质量单位（克、千克、吨）的主题活动中，关联核心素养的主要表现是"量感"。教学时，教师可以通过有效的手段，帮助学生建立一个标准量的直观表象，感悟不同计量单位之间的关系（进率），从而发展学生的量感。

在第三学段了解负数的主题活动中，关联核心素养的主要表现是"数感"。教学时，教师可以通过实际情境，让学生了解具有相反意义的数量，知道负数在具体情境中所表达的意义，借助数轴（数线）感悟正负数的关系，了解负数在减法运算中的价值和意义，进一步发展数感。

在第一学段"上、下、左、右、前、后"和"东、南、西、北"的主题活动以及第二学段"东北、西北、东南、西南"的主题活动中，关联核心素养的主要表现是"空间观念"。在"上、下、左、右、前、后"的主题活动中，教学时，教师可以通过"我的教室"这一主题活动，让学生学会用"上、下、左、右、前、后"和"东、南、西、北"等方位词描述物体所在的位置，了解用方位词描述物体位置具有相对性，初步形成空间观念。在"东北、西北、东南、西南"的主题活动中，教学时教师可以通过"寻找'宝藏'"这一主题活动，让学生在生活情境中认识东北、西北、东南、西南四个方向，会用"东北、西北、东南、西南"四个方位词描述物体所在的位置，进一步发展空间观念。

第三章

通过数学"四基"深刻分析教学内容

我国 20 世纪数学教育主要是"双基"教学,在这个方面,我国积累了宝贵的经验,取得了显著的成效,这一时期的数学教学特别强调基础知识和基本技能的教学,这反映了当时社会发展对培养技术人才的需要。

21 世纪初期,我国社会和经济得到了快速发展,为了适应社会发展的需要,教育观念发生了重大的转变,开始重视培养创新人才。在 21 世纪初期新一轮基础教育课程改革中,课程理念也发生了比较大的变化,2001 年教育部颁布实施了《实验稿》,在课程总目标中提出:"通过义务教育阶段的数学学习,学生能够获得适应未来社会生活和进一步发展所必需的重要数学知识(包括数学事实、数学活动经验)以及基本的数学思想方法和必要的应用技能。"这是对传统"双基"教学的一次突破,数学课程目标在原有基础知识和基本技能的基础上,开始关注数学思想方法和数学活动经验,认为数学思想方法和数学活动经验也是数学课程的重要内容，是培养创新型人才的关键所在，这是数学课程观的一次极大进步，也开始形成了数学"四基"的基本雏形。但是这一时期，并没有明确提出数学"四基"的理念。

2011年，教育部颁布《2011年版》，为了培养国家所需要的创新型人才，强调基本思想和基本活动经验在创新型人才培养中具有不可替代的重要作用。因此，对数学课程总目标进行了修订和完善，把数学活动经验从重要数学知识中分离出来，并表述为："通过义务教育阶段的数学学习，学生能获得适应社会生活和进一步发展所必需的数学的基础知识、基本技能、基本思想、基本活动经验。"这一时期，数学"四基"教学理念正式形成，具体包括基础知识、基本技能、基本思想和基本活动经验四个方面，从此我国数学教育开启了数学"四基"的教学与改革，这是我国义务教育数学课程改革的重要成果，是我国数学教育的一次重大突破。这一改革和研究成果，不仅写进了《普通高中数学课程标准（2017年版）》之中，而且在《2022年版》中得到了继承和发扬。

总之，数学"四基"是在我国传统"双基"的基础上，经过内涵的不断丰富、发展变化直至最后形成，数学"四基"教学是传统"双基"教学的一次继承、发展和创新。然而，我国义务教育数学课程标准对数学"四基"的具体内容并没有给出详细的阐述，为了便于广大一线教师准确把握数学"四基"的教学理念，学会从数学"四基"的角度深度分析教学内容，更好地贯彻落实

第三章 通过数学"四基"深刻分析教学内容

数学课程标准的基本理念，本章将逐一进行讨论。

第一节 基础知识和基本技能

一、基础知识

数学"四基"中的基础知识是指数学的概念、性质、法则、公式、定律和定理等教学内容。在小学数学中，数学概念主要包括数的概念、运算的概念、图形的概念、图形度量的概念、图形位置关系的概念、图形运动的概念、统计的概念和概率的概念等。

数的概念有自然数、整数、小数、分数、负数、奇数与偶数、质数与合数、因数与倍数、最大公因数与最小公倍数等。运算的概念有加法、减法、乘法和除法等。图形的概念有线（直线、射线和线段）、角（锐角、直角、钝角、平角和周角）、长方形、正方形、三角形、平行四边形、梯形、圆、长方体、正方体、圆柱、圆锥等。图形度量的概念有长度与长度单位、周长、面积与面积单位、体积与体积单位、容积与容积单位等。图形位置关系的概念有平行与垂直。图形运动的概念有平移、旋转与轴对称（对称轴、轴对称图形）。统计的概念有统计图的概念（条形统计图、折线统计图、扇形统计图）和统计量的概念（平均数、百分数）。概率的概念有可能、一定和不可能等。

在小学数学中，性质主要包括数的性质、运算的性质、等式的性质、图形的性质、统计量的性质、可能性的性质等。

数的性质有自然数的性质（可数性）、整数的性质（整除性）、小数的性质、分数的基本性质等。运算的性质有积的变化规律、商的变化规律和商不变的规律。等式的性质是指等式的两边同时进行四则运算（除法中除数不为0）大小不变的性质，为后续解方程奠定了重要基础。图形的性质有三角形的性质和四边形的性质，三角形的性质包括三角形的稳定性、三角形两边之和大于第三边、三角形内角和等于180°；四边形的性质包括四边形的不稳定性以及长方形、正方形、平行四边形、梯形的性质等。统计量的性质主要有平均数容易受到极端数据的影响，百分数具有确定性和随机性。可能性的性质主要是指随机事件具有随机性和确定性，比如在抛硬币的试验中，每一次是正面朝上还是反面朝上，都是随机的、不确定的，但是，随机事件发生的所有情况是确定的，只有两种可能——正面朝上和反面朝上。同时，还包括随机事件可能性大小的性质，比如在摸球游戏中，数量多的摸到的可能性比较大，数量少的摸到的可能性比较小，数量相等的摸到的可能性均等。

在小学数学中，法则是指整数、小数、分数的加减乘除四则运算法则，这是数与代数知识领域的主要内容。定律是指四则运算定律，主要包括加法交换律和乘法交换律、加法结合律和乘法结合律、乘法对加减法的分配律。需要说明的是，在数学上，分配律包含左分配律和右分配律，当一种运算对另一种运算不仅满足左分配律，而且满足右分配律时，我们才能说一种运算对另一种运算满足分配律。比如，如果 $a×(b+c)=a×b+a×c$，那么我们称乘法对加法满足左分配律；如果 $(a+b)×c=a×c+b×c$，那么我们称乘法对加法满足右分配律。因为乘法对加法不仅满足左分配律，而且满足右分配律，所以，我们可以说乘法对加法满足分配律。再如，$(a+b)÷c=a÷c+b÷c$ 成立，这一结论我们可以用除法与分数之间的关系进行推导，此时，我们可以说除法对加法满足右分配律；但是 $a÷(b+c) ≠ a÷b+a÷c$，这一结论我们可以通过举例进行验证，也就是说，除法对加法不满足左分配律，因此，除法没有分配律。为什么乘法满足右分配律，也就满足左分配律，而除法满足右分配律，却不满足左分配律呢？根本原因在于乘法满足交换律，而除法不满足交换律。因此，加强对分配律的认识，有助于教师把握分配律的数学本质，进行精准的教学。

在小学数学中，公式主要出现在图形与几何领域图形的度量中，包括周长公式、面积公式和体积公式。周长公式有长方形的周长公式 $C=(a+b)×2$，正方形的周长公式 $C=4a$，圆的周长公式 $C=2πr$。面积公式有长方形的面积公式 $S=a×b$，正方形的面积公式 $S=a^2$，平行四边形的面积公式 $S=a×h$，三角形的面积公式 $S=a×h÷2$，梯形的面积公式 $S=(a+b)×h÷2$，圆的面积公式

$S=\pi r^2$。体积公式有长方体的体积公式 $V=abc$，正方体的体积公式 $V=a^3$，圆柱的体积公式 $V=Sh$，圆锥的体积公式 $V=\dfrac{1}{3}Sh$，等等。

需要特别指出的是，对于基础知识的教学，我们强调学生应该建立在理解的基础上掌握数学的基础知识，而不是简单地模仿和死记硬背。

二、基本技能

数学"四基"中的基本技能是指在某种操作规则或者操作程序下通过实践、练习等方式获得的操作技术和运用数学知识解决问题的能力，包括读写的技能、运算的技能、测量的技能、尺规作图的技能以及解决问题的技能等。

在小学数学中，读写的技能主要是指正确读写整数、分数、小数、方向、位置、位置关系、百分数等。运算的技能主要是指估算、口算和笔算。测量的技能主要是指度量线段的长度和角的大小等。尺规作图的技能是指根据给定的条件利用直尺和圆规作图的能力，包括画线段、射线和直线，画角，画平面图形，画立体图形等。解决问题的技能是指利用数学知识解决问题的能力，分散在数与代数、图形与几何、统计与概率、综合与实践等领域中。

需要特别提醒的是，在传统"双基"的教学中，常常由于过于强调技能的熟练程度和速度，导致过多重复的机械训练，从而增加了学生的学业负担，在"四基"教学中，应该强调技能的准确性，而不能盲目追求技能的速度。

第二节　基本思想

基础知识和基本技能是基本思想的重要基础，基本思想是数学"四基"的重要内容，是数学"双基"进一步发展分化的结果。数学思想蕴含在数学知识形成、发展和应用过程中，是数学知识和方法在更高层次上的抽象与概括。史宁中教授认为，数学的三种基本思想是抽象、推理和模型。[①]

我们认为：数学的基本思想是数学知识形成、发展和应用过程中最为重要的数学思想，它是数学思考在更高层次上所达成的一种状态和境界，是一种稳固的数学思维模式，主要包括抽象思想、推理思想、建模思想。数学三大基本思想还可以演派出一些具有操作性的下位数学思想，如：抽象思想的下位思想有分类思想、集合思想、对应思想、符号表示思想、数形结合思想、变中不变思想、极限思想等，推理思想的下位思想有转化思想、归

---

① 史宁中. 漫谈数学的基本思想 [J]. 中国大学教学，2011（7）：9-11.

纳思想、类比思想、演绎思想等，建模思想的下位思想有量化思想、简化思想、优化思想、方程思想、函数思想、统计思想和随机思想等。

本节就结合小学数学中的主要内容，从知识的形成、知识的发展和知识的应用三个方面进行初步梳理与分析，阐述小学数学中常见的数学思想[①]，以期为大家开展小学数学教材分析和教学研究提供参考。

一、数学知识形成过程中所蕴含的数学思想

数学知识的形成主要包括数学概念、数学结论等，这里主要分析数学概念，它是数学结论的重要基础，是数量关系和空间形式等本质属性抽象的结果。正确理解并灵活运用数学概念，是掌握基础知识、形成技能、发展思维和提高能力的前提。数学知识的形成过程主要蕴含着抽象思想。

1. 数与代数领域

数与代数领域的数学概念主要包括数、运算和方程等相关概念。

数是量的抽象结果。如果把一些事物看成一个整体（集合），就会有一个相应的"量"。这个"量"就可以抽象成相应的"数"，

[①] 苏明强，黄志强. 小学数学常见的数学思想及其教学启示 [J]. 福建教育，2015, 10（40）: 46–48.

再用一个相应的数学符号进行表示，这就是"数"的产生过程。

小学数学中的数主要有整数、分数和小数等，在这些数的抽象过程中，都蕴含着集合思想、对应思想和符号表示思想。如果在数的认识过程中借助数轴（数线）直观体现数的相对位置和大小关系，这里就蕴含着数形结合思想和变中不变思想。

运算是一种具体的操作行为，是通过已知量的组合产生新的量的过程。运算的本质是集合之间的一种映射。小学数学中的加、减、乘、除四则运算都是二元代数运算，本质上是集合 A 和集合 B 到集合 C 的映射。映射的抽象结果就是运算，用相应的运算符号进行表示。因此，在这些四则运算的抽象过程中，蕴含着集合思想、对应思想和符号表示思想。

方程是一个代数学的重要概念，我们常常借助生活中的"天平"得出一些"等式"和"不等式"。在这些式子中，有的含有未知数，有的不含未知数，在两次分类过程中形成新的集合，从而抽象出方程的概念。在这个过程中，主要蕴含着抽象思想中的集合思想和分类思想。

2. 图形与几何领域

图形的概念主要包括平面图形和立体图形等。

小学数学中的平面图形主要有长方形、正方形、三角形、平行四边形、梯形、圆等；立体图形主要有长方体、正方体、圆柱、圆锥等。这些几何概念是现实生活中的具体事物通过剥离事物的非本质属性，抽象出事物的本质属性，并用相应的"图形"进行表示，从而建构起相应的几何概念。在这些概念的抽象过程中，主要蕴含着集合思想、对应思想、分类思想、变中不变思想、极限思想等。

3. 统计与概率领域

统计中的概念主要有平均数、百分数、统计表、条形统计图、折线统计图、扇形统计图等。统计是通过调查、试验等获取数据，用制表、绘图等方法对其进行归纳、整理，以直观形象的形式反映数据分布特征和基本规律。统计的目的是将零散的、杂乱无序的数据进行整理、归纳、概括，使数据的分布特征清晰、明确地显现出来，为判断提供依据。因此，统计表和统计图是数据所蕴含信息和规律的一种直观体现。这里主要蕴含着分类思想、对应思想、符号表示思想、数形结合思想和变中不变思想等。

概率主要是在具体情境中，通过试验或游戏活动等，借助统计表呈现试验或游戏的相关数据，感受随机现象发生的可能性，发现随机现象中不变的规律，这里主要蕴含着集合思想、分类思想、数形结合思想、变中不变思想、极限思想等。

因此，在这部分知识教学中，教师除了要准确把握教学内容的数学本质，还应有意识地从抽象思想的角度分析教学内容，充分挖掘数学知识背后的数学思想，通过精心设计，让学生经历从生活中的具体事物抽象出数学概念并用符号进行表示的过程，在理解数学概念内涵的同时，学会通过分类进一步明确数学概念的外延，体会数学概念产生过程中所蕴含的数学思想。

二、数学知识发展过程中所蕴含的数学思想

数学概念是推理的基础和前提。推理是数学思考的一种重要形式，它是数学得以发展、数学知识得以建构的一种重要思想。一些数学概念经过推演发展，产生了一些性质、法则、公式、定律等，从而形成了小学数学的基本知识体系。在这些数学知识的发展过程中，蕴含着丰富的数学思想，不仅有抽象思想、推理思想，还有建模思想。

1. 数与代数领域

数与代数领域的数学知识主要有数的运算、数的性质、运算性质、运算定律以及解方程等。

数的运算主要包括整数、分数、小数的四则运算。这里主要蕴含着转化思想。比如，在进位加法中，"9加几"问题可以转化为"10加几"问题；在乘法运算中，"两位数乘一位数"问题可以转化为"整十数乘一位数"和"一位数乘一位数"问题，"两位数乘两位数"问题可以转化成"两位数乘一位数"和"两位数乘整十数"问题，"三位数乘两位数"可以转化为"三位数乘一位数"和"三位数乘整十数"问题等。如果把"三位数乘两

数"和"两位数乘两位数"进行比较，就会发现这里还蕴含了变中不变思想，即乘数的位数和大小变了，算法和算理不变，这种思想会一直延续到后面"多位数乘多位数"的计算。在小数运算中，可以把"小数的乘除法运算"问题转化成"整数的乘除法运算"问题；在分数计算中，可以把"异分母分数加减法"问题转化成"同分母分数加减法"问题，也可以把"分数除法"问题转化成"分数乘法"问题等。

数与运算的性质主要有分数的基本性质和商不变的性质、数的整除性以及比的性质等。其中，分数基本性质通常是通过观察几个大小相等的分数的分子之间和分母之间的关系，归纳总结出分数大小不变的基本结论；商不变的性质通常是通过观察几组商不变的除法算式中被除数之间和除数之间的关系，归纳概括出除法运算中商不变的基本结论；在整除概念基础上，探索能被2、5、3整除数的特点，本质上这是数的整除性内容，通常是通过观察百数表，总结归纳出能被2、5、3整除数的特点。以上这些性质的得出都是经历了一个从个别事例到一般结论的概括过程，这里主要蕴含着归纳思想。

运算定律主要有加法交换律、加法结合律、乘法交换律、乘法结合律和乘法分配律等。这些运算定律都是通过几个算式的观察，归纳得出基本结论，最后用字母把这些运算规律表示出来。这里不仅蕴含着归纳思想，还蕴含着符号表示思想。换一个角度思考，在加法交换律和乘法交换律中，加数（乘数）位置变了，和（积）不变；在加法结合律和乘法结合律中，运算顺序变了，和（积）不变。从这个角度分析，这四个运算定律还蕴含着变中不变思想。

解方程是方程知识的主要内容，解方程的过程实质上是"恒等同解变形"的过程，也就是利用等式基本性质，将形如"$ax \pm b=c$"的等式转化成形如"$x=d$"的过程。在这个过程中，方程的"形"变了，但"解"不变。因此，这里主要蕴含着转化思想和变中不变思想。

2. 图形与几何领域

图形与几何领域的数学知识主要有长方形、平行四边形、三角形、梯形和圆等平面图形的周长和面积，以及长方体、圆柱和圆锥等立体图形的体积。

在面积公式和体积公式的推导过程中，主要蕴含着转化思想。比如，把"平行四边形（或圆）的面积"问题转化成"长方形的面积"问题，把"三角形（或梯形）的面积"问题转化成"平行四边形的面积"问题，把"圆柱的体积"问题转化成"长方体的体积"问题等。同时，这些几何形体的周长、面积和体积公式都是通过对个别形体的研究，归纳得出一般的结论，并用相应的符号进行表示，形成相应的周长、面积和体积公式。这里还蕴含着归纳思想和符号表示思想。

因此，在这部分知识的教学中，教师除了要让学生在理解的基础上掌握基础知识和基本技能，还应有意识地挖掘数学知识背后所蕴含的数学思想，认真把握好教学内容的数学本质，精心设计好数学活动，让学生在掌握基础知识和基本技能的基础上，积累数学经验，体会数学思想，尤其是归纳思想、类比思想和转化思想，这些数学思想通常是探索新知识、解决新问题、发现新结论的重要思想基础。

三、数学知识应用过程中所蕴含的数学思想

数学知识应用过程是数学回归生活的过程，也是数学与生活建立联结的过程。在这个过程中，教师首先要引导学生从实际生活或具体情境中抽象概括出数学问题，然后用相关的数学符号表达数量关系或变化规律，建立相应的数学模型，最后利用相关的数学知识求出结果并进行解释。这里主要蕴含着建模思想，主要有两个基本模型：一是"加法模型"（整体＝部分＋部分），二是"乘法模型"（如路程＝速度 × 时间或总价＝单价 × 数量），它们的本质都是二元函数模型 $z=f(x, y)$。

1. 数与代数领域

数的认识领域中的知识应用主要是数与运算的概念、性质、法则、定律等的应用过程。如在四则运算概念的应用过程中蕴含着函数思想，在分数基本性质的应用过程中蕴含着简化思想，在

利用运算定律进行简便运算过程中蕴含着优化思想，在利用方程解决实际问题的过程中蕴含着方程思想等。

小学数学虽然还没有正式出现函数的概念，但在许多知识中已经蕴含着函数思想。教师如果能够适时引导学生体会和感悟函数思想，将为后续中学函数的学习奠定重要的基础。如减法概念的实际应用：小明左手拿着 5 支铅笔，每次拿走 1 支，还剩几支？这个问题可以列出以下 5 个算式：5−1=4，5−2=3，5−3=2，5−4=1，5−5=0。这组变化的减法算式，实质上就是一次函数 $y=5-x$ 的 5 个具体取值。教师在引导学生认真观察这组算式时就会发现：在减法算式中，被减数不变，减数不断变大，差就不断变小，这是减法运算的一个基本规律，这里就蕴含着函数思想，体现了在减法运算中，被减数不变，减数和差的一种变化规律。再如，在编写乘法口诀中，每一组乘法口诀都是一个相应的一次函数 $y=nx$（$n=1$，…，9），体现了在乘法运算中，一个乘数不变，另一个乘数与积的变化规律。此外，正比例、反比例等知识也都蕴含着函数思想。

2. 图形与几何领域

几何知识的应用主要是周长、面积、体积等公式的应用，在这些公式的应用中蕴含着丰富的函数思想。如长方形的周长公式 $C=(a+b)\times2$，本质上是一个二元函数 $z=f(x,y)$，其周长随着两个变量（长和宽）的变化而变化；圆的周长公式 $C=2\pi r$ 本质上是一个一元函数（也称一次函数或正比例函数 $y=kx$），其周长随着变量（半径）的变化而变化；长方形的面积公式 $S=ab$、平行四边形的面积公式 $S=ah$、三角形的面积公式 $S=ah÷2$、圆柱的体积公式 $V=Sh$ 等，它们本质上都是二元函数 $z=f(x,y)$。这些图形的面积（体积）都与两个变量有关，即面积（体积）随着另外两个变量的变化而变化。圆的面积公式 $S=\pi r^2$ 本质上是一个二次函数 $y=kx^2$，圆的面积随着变量（半径）的变化而变化。梯形的面积公式 $S=(a+b)h÷2$ 和长方体的体积公式 $V=abc$，本质上都是三元函数 $w=f(x,y,z)$，梯形的面积和长方体的体积都与另外三个变量有关，即面积（体积）都是随着另外三个变量的变化而变化。

教学时，教师可以做一些适当的处理，把多元函数变成一元函数，更适合学生的认知水平。比如，在平行四边形面积公式的应用过程中，可以将"底"设计成不变（固定的数值），让学生体会面积与高之间的关系，也可以将"高"设计成不变（固定的数值），让学生体会面积与底之间的关系。这样，学生能够更好地体验一个量引发另一个量的变化过程，更好地理解面积公式的数学本质。

3. 统计与概率领域

在小学数学中，统计知识主要包括统计表和统计图，统计图主要有条形统计图、折线统计图和扇形统计图等。这些统计图表都是数据常用的表征形式,旨在直观反映一组数据的变化规律,有利于对未来变化趋势作出更为准确的判断。在利用统计知识解决实际问题时,都需要经历数据的收集、整理、描述、分析等过程,在这个过程中蕴含着统计思想。概率是对随机事件发生可能性的一种度量,小学阶段主要是初步感受随机事件及其发生的可能性大小。在利用可能性知识解决或解释生活现象的过程中,蕴含着随机思想,这是后续概率学习的重要思想基础。

因此,在这部分知识的教学中,教师要注意从建模思想的角度,把握好知识应用的数学本质,要注意引导学生经历从现实问题或问题情境到建立数学模型并进行解释应用的过程,让学生感悟建模思想。这样有利于学生更好地体会数学知识之间、数学与生活之间的密切联系,增强发现问题、提出问题、分析问题和解决问题的能力。

第三节 基本活动经验

基础知识和基本技能是数学活动经验的重要基础,基本活动经验是数学"四基"的重要内容,是数学"双基"进一步发展分化出来的结果。关于基本活动经验的问题,数学课程标准没有明确进行阐述,国内学者并没有统一的认识。张奠宙等人认为:数学基本活动经验是一种从感性向理性飞跃时所形成的认识。[①]孔凡哲和张胜利认为：数学基本活动经验是个体经历数学活动之后所积淀的内容。[②]《义务教育数学课程标准（2011年版）解读》一书中指出：数学基本活动经验是学习主体通过亲身经历数学活动过程所获得的具有个性特征的经验。[③]

我们认为：从数学学习的角度看，数学活动是在教师的组织和引导下，具有某种特定学习目标和教学价值取向的活动，它是数学学习的重要过程和组成部分。在小学数学课堂学习中，常见的数学活动主要有观察活动、思考活动和表达活动。观察活动为思考活动提供直观的感受和初步的体验，帮助获得感性认识，进一步促进形成理性认识。表达活动让思考活动听得见和看得见。观察活动是数学学习的基础，表达活动是数学学习的关键，思考活动是数学学习的根本。因此，在数学学习过程中，基本活动经验主要包括观察活动经验、思考活动经验和表达活动经验，它们具有个体性、实践性、累积性和迁移性的特征。观察活动经验主要是数学体验的积淀，思考活动经验主要是认知模式的积淀，表达活动经验主要是数学表达的积淀，这些经验都需要在数学学习

---

① 张奠宙，竺仕芬，林永伟. "基本数学经验"的界定与分类 [J]. 数学通报，2008，47（5）：4-7.
② 孔凡哲，张胜利. 基本活动经验的类别与作用 [J]. 教育理论与实践，2009，29（16）：42-25.
③ 教育部基础教育课程教材专家工作委员会. 义务教育数学课程标准（2011年版）解读［M］. 北京：北京师范大学出版社，2012：120.

第三章 通过数学"四基"深刻分析教学内容

活动过程中长期积累和逐步积淀。

《2011年版》指出:"数学活动经验的积累是提高学生数学素养的重要标志。"帮助学生积累数学活动经验是数学教学的重要目标,是学生不断经历、体验各种数学活动过程的结果,数学活动经验需要在"做"的过程和"思考"的过程中积淀,是在数学学习活动过程中逐步积累的。这里"做"的过程主要体现在"观察活动"和"表达活动"的过程中;这里"思考"的过程主要体现在"思考活动"的过程中。因此,教师应该力争通过组织有效的数学活动,帮助学生积累必要的观察活动经验、思考活动经验和表达活动经验,它们是数学课堂教学的重要目标,其中观察活动经验是思考活动经验的重要基础,思考活动经验是表达活动经验的重要保证,思考活动经验是数学学习的根本所在。比如,在小学几何图形面积的学习过程中,长方形的面积是后续学习的重要基础,在长方形面积的探索中用单位正方形"拼成"长方形,这里的"拼"这一操作活动中所累积的观察经验尤为重要,不仅是长方体体积公式探索的重要经验,而且是后续平面图形面积探索的重要基础。在平行四边形面积公式的探索中,需要把剪下的三角形或梯形通过平移"拼成"长方形;在圆面积公式的探索中,需要把圆平均分成若干份,然后再交叉"拼成"长方形;在三角形面积公式的探索中,需要把两个相同的三角形"拼成"一个平行四边形;在梯形面积公式的探索中,需要把两个相同的梯形"拼成"一个平行四边形;等等。再如,在中学函数性质的学习中，正比例函数和反比例函数是后续函数（一次函数、二次函数、三角函数等）学习的重要基础，在函数性质的学习中，画出函数图象的"草图"是关键，这里"画草图"这一操作活动所积累的观察经验显得格外重要，它是学习函数性质的根本保证。

这里必须指出的是，以上案例中的"拼图"和"画草图"等操作活动只是数学学习的一种重要手段，不是数学学习的根本目的，通过数学操作活动引发有效的数学思维活动，才是数学学习的根本所在，通过操作活动所积累的经验只是数学教学的重要目标，并不是数学教学的根本目标，数学思考活动经验的积累才是数学教学的根本目标。只有这样，当学生遇到数学问题时才能真正懂得"思考"，遇到类似数学问题时才能根据已有的思考经验，通过迁移操作方法的手段，分析并解决新的问题。这种思考活动经验的积累是问题解决的重要保证，是创新思维的重要基础。因此，教师在教学过程中，应该正确看待操作活动和思考活动，明确数学教学的根本目标，不能忽视，也不能过分夸大操作活动经验在数学学习中的价值，不能为了课堂热闹或者所谓的动手操作而组织数学操作活动，不能为了"操作"而操作，应该为了"思考"而操作，要把握好"操作"的时机和"操作"的时间，及时引导学生进行必要的思考，从而培养学生的数学思维，形成和发展学生的数学核心素养。

从《2022年版》核心素养的角度看，"三会"是数学课程的根本目标，即会用数学的眼光观察现实世界、会用数学的思维思

第三章　通过数学"四基"深刻分析教学内容

考现实世界、会用数学的语言表达现实世界。因此，从"三会"的角度看，我们可以把数学基本活动经验分为观察的经验、思考的经验和表达的经验，这些经验的积累，有助于数学核心素养的形成与发展，这些问题还有待广大教师在今后的教学实践中进行研究总结和反思提炼。

总之，从数学教学的角度看，基础知识、基本技能、基本思想和基本活动经验之间不是一种简单的叠加、拼凑或混合，它们之间是一个既相互独立，又相互联系、相互依存和相互促进的有机统一体，基础知识和基本技能是数学教学的重要内容，基本思想是数学教学的精髓所在，基本活动经验是数学教学的重要任务。数学"四基"的有效教学将促进学生数学核心素养的形成和发展。

第四节　深度分析教材内容

数学"四基"是义务教育数学课程标准的一个关键教学理念，关系到数学核心素养的形成与发展，它不仅是一个理论研究的问题，而且是一个重要的实践研究问题。"四基"作为新时期我国义务教育数学课程的一个目标要求，将引领我国数学课程的改革与实践，它不应成为教学的一种案头摆设，而应成为教学的一种理念自觉。我们要在课堂教学中真正贯彻落实数学"四基"的教学理念，有意识地自觉运用数学"四基"分析教材、分析学情、设计教学以及评价反思。本节将以小学数学"三角形边的关系"为例，谈谈数学"四基"教学理念在教材分析中的应用。

教材分析是教学设计的重要基础，是教师提升教学水平和业务能力的重要保证。传统意义上的教材分析一般是指分析教学内容的地位、作用以及知识之间的内在联系等。然而，在数学"四基"教学中，为了更好地落实数学课程标准提出的"四基"目标，我们在教材分析时，不能仅仅停留在传统教材分析的基础上，应该自觉从"四基"的角度分析教材，尤其是应该重视从基本思想的角度分析教材，充分挖掘教学内容所蕴含的数学思想，真正从数学思想的高度去把握教材，这样，才能更好地把握教学内容的数学本质，发现新天地，创新教学设计。

例如，"三角形边的关系"是三角形认识的一次升华，是从图形外部感知到内在规律的一次探索过程，是从认识图形要素到探索要素关系的一次递进过程，是从直观观察到思想感悟的一次体验过程，它是将来进一步认识其他几何图形、探索图形奥秘的重要基础。因此，从基础知识的角度分析，"三角形两边之和大于第三边"这一结论显然是这节课的基础知识"点"；从基本技能的角度分析，"运用三角形边的关系正确判断三条线段能否围成三角形"就应该是这节课的基本技能"点"。以上"双基"内容，是这节课的教学重点。

第三章 通过数学"四基"深刻分析教学内容

除此之外，我们还应该学会从"基本思想"和"基本活动经验"的角度，对教材进行更为深入的分析。

从基本思想的角度分析，我们会发现：过去十几年，许多教师在这节课的教学中，过于强调让学生动手操作围三角形，教师几乎把全部精力都放在操作材料（吸管、牙签、小木棒、纸条等）的改良上，却忽视了三角形边的关系这一数学知识所蕴含的基本思想——推理思想，这才是这节课教学非常重要的价值所在。在"四基"教学的框架下，强调教学融入"数学思想"、突出"数学思考"时就会发现：在"三角形边的关系"这一探索过程中，通过对"个别"三角形的观察、操作，得出"所有"三角形边的一般规律，这里蕴含着推理思想中的归纳思想。在此基础上，教师就可以引导学生进行联想，将三角形拓展到凸多边形，并对凸多边形边的关系进行适当思考，提出新的猜想——在边的关系上其他凸多边形具有与三角形相似的规律，这里又蕴含着推理思想中的类比思想。这些都是数学基本思想的重要内容，它们都是后续探索几何图形要素之间大小关系和位置关系的重要思想基础。

从基本活动经验的角度分析，通过这节课的学习，我们不仅可以帮助学生积累操作的经验，这里的经验主要是有序操作而非盲目操作，而且可以帮助学生积累观察的经验，这里的经验主要是通过分成三类分别进行观察，还能够帮助学生积累思考的经验，这里的经验主要是通过归纳和类比思考问题，同时还能帮助学生积累表达的经验，这里的经验主要是运用"如果……那么……"的语句表达三种不同情况发现的结论（即如果两边之和小于第三边，那么不能围成三角形；如果两边之和等于第三边，那么也不能围成三角形；如果两边之和大于第三边，那么就能围成三角形）。这些基本活动经验都是后续学习三角形内角和的重要基础。

因此，通过以上的"四基"分析，教学"三角形边的关系"时，教师不能仅仅停留在动手操作和直观观察的层面上，更重要的教学价值在于数学思想和逻辑推理，教师应该引导学生在三角形边的关系探索过程中，在观察、操作的基础上，把问题聚焦到推理的层面上，启发学生进行有价值的数学思考，体会归纳思想和类比思想，积累归纳推理和类比推理的思考经验，培养学生的推理意识，这样才能为后续几何图形的学习与探索奠定重要的思想基础和经验基础，才能真正落实数学课程标准的教学理念，让学生学会用数学的思维思考现实世界，从而形成和发展学生的数学核心素养。

第四章

通过数学"四能"紧密关联核心素养

数学"四能"是义务教育数学课程标准的重要教学理念，是数学课程的重要教学目标。《2011年版》在课程"总目标"中指出："体会数学知识之间、数学与其他学科之间、数学与生活之间的联系，运用数学的思维方式进行思考，增强发现和提出问题的能力、分析和解决问题的能力。"数学"四能"具体就是指发现问题的能力、提出问题的能力、分析问题的能力和解决问题的能力。

我国20世纪的数学课程强调"两能"的目标要求——提高学生分析问题的能力和解决问题的能力。为了更好地培养创新型人才，《2011年版》提出了数学"四能"的目标要求，在原来分析问题、解决问题能力的基础上，增加了发现问题、提出问题的能力，从此我国数学教育从"两能"转变为"四能"，这是我国数学教育理念的一次新的突破和变革。

《2022年版》将2011年颁布的数学课程标准相关内容进行

了修订，具体表述修改为："体会数学知识之间、数学与其他学科之间、数学与生活之间的联系，在探索真实情境所蕴含的关系中，发现问题和提出问题，运用数学和其他学科的知识与方法分析问题和解决问题。"这里"不变"的是数学"四能"的目标要求，"变"的是数学"四能"的相关表述，强调在探索真实情境所蕴含的关系中，培养学生发现问题的能力和提出问题的能力，强调在运用数学和其他学科的知识与方法中，培养学生分析问题的能力和解决问题的能力。

《2022年版》在"教学建议"中指出："核心素养导向的教学目标是对'四基''四能'教学目标的继承和发展。'四基''四能'是发展学生核心素养的有效载体，核心素养对'四基''四能'教学目标提出了更高要求。"因此，教师要引导学生在发现问题、提出问题的同时，会用数学的眼光观察现实世界；在分析问题的同时，会用数学的思维思考现实世界；在用数学方法解决问题的过程中，会用数学的语言表达现实世界。这里明确阐述了数学"四能"与核心素养的上位关联，那么，数学"四能"与核心素养的下位主要表现又有何关联？本章选取核心素养三个维度的四个主要表现，即几何直观、运算能力、模型意识和创新意识，对其分别进行阐述。

第四章 通过数学"四能"紧密关联核心素养

第一节 数学"四能"与几何直观

几何直观是核心素养"会用数学的眼光观察现实世界"的主要表现之一,几何直观有助于把握问题的本质,明晰思维的路径。《2011年版》指出:"几何直观主要是指利用图形描述和分析问题。"《2022年版》将其修改为:"几何直观主要是指利用图表描述和分析问题的意识与习惯。"这里不仅将原来的"图形"改为"图表"——图表不仅包括数学中的图形,还包括数学中的表格——而且进一步明确"几何直观"是一种"意识"和"习惯"。

几何直观不仅可以把复杂的问题变得简明、形象,有助于探索解决问题的思路,还可以帮助学生发现问题、提出问题、分析问题和解决问题,几何直观在问题解决和数学学习过程中都发挥着不可替代的重要作用。因此,我们在理解几何直观时,要注意以下几个问题。

第一,几何直观是通过"几何"的手段,达到"直观"的目的,有助于更好地发现问题、提出问题、分析问题和解决问题。这里的"几何"手段主要是指"利用图表",这里"直观"目的主要是指将复杂、抽象的问题变得简明、形象。因此,几何直观对教师而言是一种有效的教学手段,对学生而言是一种有效的学习方法，它是数形结合思想的一种具体体现，在整个数学学习过程中发挥着重要作用。

第二，几何直观中所利用的"图表"主要包括图形和表格两个方面。图形是指基本几何图形，在小学阶段主要有正方形、长方形、三角形、平行四边形、梯形、圆以及线段、直线、射线和角等，表格主要是指统计表。另外，几何直观所要描述和分析的问题，不仅可以是生活问题，而且可以是数学问题。

第三，几何直观主要表现在以下四个方面。一是能够感知各种几何图形及其组成元素，依据图形的特征进行分类，这有助于培养学生发现问题的能力；二是能根据语言的描述画出相应的图形，分析图形的性质，这有助于培养学生提出问题的能力；三是能建立形与数的联系，构建数学问题的直观模型，这有助于培养学生分析问题的能力；四是能利用图表分析实际情境与数学问题，探索解决问题的思路，这有助于培养学生解决问题的能力。

因此，教师在教学中，要善于利用几何直观，将复杂、抽象的问题变得简明、形象，帮助学生探索解决问题的思路，帮助学生直观地理解数学，培养学生几何直观的意识，养成利用图表描述和分析问题的习惯，提高学生发现问题的能力、提出问题的能力、分析问题的能力和解决问题的能力。

比如，在数的认识教学中，教师应该利用圆形、三角形、正方形或长方形等基本图形，通过画草图和制作图形卡片的方式，帮助学生直观理解数的意义。在自然数的教学中，教师可以通过画"圈圈图"呈现具体事物（香蕉、苹果等）的数量。在分数的教学中，教师可以通过制作"圆片"表示"苹果"或"蛋糕"等。在负数的认识中，教师可以画"数线"，让学生体验相反意义的量在数线上的相对位置，从而更好地理解负数的含义。在解决复杂数量关系的问题时，教师可以通过画"线段图"的方式，让学生直观理解问题中的数量关系。在解决鸡兔同笼、比赛场次等问题时，教师可以通过"列表"的方式分析问题和解决问题。在统计知识的教学中，教师可以通过画"统计图"，帮助学生整体感知数据的变化规律，引导学生根据统计图进行预测与推断。在探索事件发生可能性大小的变化规律时，教师可以通过"统计表"，帮助学生直观感受事件发生的可能性大小的变化规律。在探索周长、面积、体积的规律时，教师可以通过"列表"的方式，让学生直观感知图形的边长与周长的关系、边长与面积的关系以及边长与体积之间的关系，从而得出周长、面积、体积的计算公式。

第二节　数学"四能"与运算能力

运算能力是核心素养"会用数学的思维思考现实世界"的主要表现之一，《2022年版》指出："运算能力主要是指能够根据法则和运算律进行正确运算的能力。"运算能力有助于形成规范化思考问题的品质，养成一丝不苟、严谨求实的科学态度。运算能力与数学"四能"中解决问题的能力紧密相关，运算能力是解决问题的根本保证，主要体现在以下三个方面：一是能够明晰运算的对象和意义，理解算法与算理之间的关系；二是能够理解运算的问题，选择合理简洁的运算策略解决问题；三是能够通过运算促进数学推理能力的发展。因此，我们在理解运算能力的过程中，要注意以下几个问题。

第一，运算能力是数学基本技能的重要内容，是传统"两能"的重要组成部分。在"双基"教学中的"两能"是指分析问题和解决问题的能力，主要涉及运算能力和初步逻辑思维能力。《2011年版》和《2022年版》在"总目标"中将"两能"改为"四能"，这里的运算能力体现在"解决问题的能力"之中。

第二，运算能力的重要基础是掌握运算法则和运算律，掌握运算法则和运算律的关键在于理解算理和掌握算法。运算能力的标志在于能根据运算法则和运算律进行正确运算，这里强调的是结果的正确性，而不是过程的快速性。

第三，小学阶段的数学运算主要是指整数、分数和小数的加、减、乘、除四则运算，运算法则主要有整数、分数和小数的加、减、乘、除四则运算法则，运算律主要有加法交换律、结合律以及乘法交换律、结合律和分配律。

数的运算是小学数学教学的重要内容，教师在教学过程中，应该注意以下几个问题。

第一，在运算法则的教学中，要根据学生的已有知识和生活经验，利用数形结合或类比推理的方式帮助学生理解运算的算理，掌握运算的法则，为运算能力的培养奠定坚实的基础。

比如，在一年级"9加几"的进位加法教学中，教师可以利用月饼（一盒装满是10个）这样的生活真实情境，为学生提供一种具体的生活原型，帮助学生理解凑十法和进位加法法则。再如，当学生已经掌握多位数加法法则——相同数位对齐、从个位加起、满十进一，进一步学习小数加法法则时，教师就可以引导学生通过类比推理的方式进行学习，在这里重点要帮助学生理解在小数加法中为什么是"小数点对齐"。其实，小数点对齐是相同数位对齐的另一种外在表现。在小数加法运算中，只要小数点对齐了，那么相同数位就自然对齐，这里整数加法中的"相同数位对齐"与小数加法中的"小数点对齐"的本质相同，这样，不仅能够让学生理解并掌握新的运算法则，而且能让学生感悟到整数、小数加法运算的一致性。

第二，在运算定律的教学中，要抓住合适的时机，充分融入数学"四能"的教学，在加法运算律的基础上，通过类比推理的方式，引导学生获得新的猜想，通过举例验证的方法，学习乘法运算律。

比如，在加法交换律的教学中，教师应该引导学生观察一组加法算式（1+2=3，2+1=3；2+3=5，3+2=5；3+4=7，

4+3=7；…），通过归纳推理的方式，发现问题、提出问题，获得猜想：在加法运算中交换两个加数的位置，结果是否都不变呢？然后，再引导学生通过举例验证的方法，分析问题和解决问题，最后得出基本结论，从而让学生经历发现问题、提出问题、分析问题和解决问题的过程。在举例的过程中，最好不要列举"同质"的例子，要列举一些"异质"的例子，如一位数加两位数、两位数加两位数，甚至可以是三位数加两位数等。在这个过程中，为了让学生真正理解加法的本质和交换律的道理，教师可以借助几何直观，在黑板上画出 5 个圈圈图（○○○○○），左边 2 个○，右边 3 个○，问一共有几个○。从左往右数，可以列出算式 2+3=5，从右往左数，可以列出算式 3+2=5，这就是 2+3=3+2 的根本道理，让学生感悟变中不变思想，计算的方法"变"了，计算的结果"不变"。这个分析问题和解决问题的过程，不仅能让学生知其然，还能知其所以然；不仅能够真正把运算能力的培养落到实处，而且能够凸显数学"四能"的教学，培养学生发现问题和提出问题的能力以及分析问题和解决问题的能力。

在乘法交换律的学习中，教师可以在加法交换律的基础上，引导学生通过类比推理的方式，重新发现问题和提出问题，获得新的猜测：在减法、乘法和除法的运算中是否也有交换律呢？然后，再引导学生通过举例验证的方法分析问题和解决问题，让学生学会用数学的思维方式（类比推理和演绎推理）思考问题，这样才能让运算律的教学发挥更大的教学价值，不仅发现了新的结

第四章　通过数学"四能"紧密关联核心素养

论,掌握了新的知识,而且促进了学生数学核心素养的形成与发展。

第三,在分数四则运算的教学中,教师可以从分数意义的角度把握分数的运算,帮助学生克服整数运算对分数运算的负面干扰,通过独立思考、动手操作和合作交流等方式,理解分数的运算法则。在四则运算中,整数的运算是重要基础,通过学习可以感受"位值制"的意义,理解数位的概念,掌握运算法则。小数的运算是整数运算的一次延伸,数位从左边(个位、十位、百位和千位)向右边延伸(十分位、百分位和千分位),数位变多了,运算的对象也变了,但是运算法则的本质没变。从整数和小数的运算到分数的运算,这是四则运算的一次飞跃,有利于学生加深理解四则运算的本质,有利于学生体会数学的神奇和奥秘,有利于学生积累相应的思维活动经验。

比如,在同分母分数加法法则的学习中,教师不能仅仅停留在加法法则的内容本身,而应该引导学生理解加法法则的数学本质。加法的本质是计数单位的累加,根本的方法是数数,在一位数加一位数的整数加法中,本质上是计数单位 1 的累加,2+3=5 的道理是 2 个 1 加上 3 个 1 等于 5 个 1,5 个 1 就是 5。在一位小数加一位小数的小数加法中,本质上是计数单位 0.1 的累加,0.2+0.3=0.5 的道理是 2 个 0.1 加上 3 个 0.1 等于 5 个 0.1,5 个 0.1 就是 0.5。因此,在同分母分数加法中,本质上也是计数单位的累加，$\frac{2}{8} + \frac{3}{8} = \frac{5}{8}$ 的道理是 2 个 $\frac{1}{8}$ 加上 3 个 $\frac{1}{8}$ 等于 5 个 $\frac{1}{8}$，5 个 $\frac{1}{8}$ 就是 $\frac{5}{8}$。在这个过程中，运算的对象变了，从整数到小数再到分数，运算法则表面上也变了，但是，加法运算的本质不变，都是计数单位的累加。这样让学生在已有知识经验的基础上，经历了发现问题、提出问题、分析问题和解决问题的过程，不仅让学生理解并掌握了结构化的知识，而且让学生感悟到整数、小数和分数加法运算的一致性，不仅感悟了变中不变思想，培养了数学"四能"，而且提高了运算能力，发展了数学核心素养。

第三节 数学"四能"与模型意识

模型意识是核心素养"会用数学的语言表达现实世界"的主要表现之一，《2022 年版》指出："模型意识主要是指对数学模型普适性的初步感悟。"模型意识有助于开展跨学科的综合实践活动，增强对数学的应用意识，是形成模型观念的经验基础。模型意识主要体现在以下三个方面：一是知道数学模型可以用来解决一类问题，是数学应用的基本途径；二是能够认识到现实生活中大量的问题都与数学有关；三是能够有意识地用数学的概念与方法解释生活问题。

建立数学模型是沟通数学与生活之间联系的基本途径。从现实生活或具体情境中抽象出数学问题，用数学符号表示数学问题中的数量关系和变化规律，就是建立数学模型的基本过程。在小学数学学习中，让学生经历建立数学模型的过程，有助于学生形成模型意识。因此，我们在理解模型意识的过程中，要注意以下几个问题。

第一，模型意识是解决生活实际问题以及数学学科发展的重要基础，随着数学知识的深入学习，表现得更为明显。模型意识和数学"四能"有着密切的关系，小学阶段所学知识是最基础的数学知识，模型意识更多体现在生活问题数学化的过程之中。其实，建立数学模型的过程，本质上就是发现问题和提出问题的过程；求解数学模型的过程，本质上就是分析问题和解决问题的过程。因此，教学时，教师应该引导学生从日常生活或真实情境中发现问题和提出问题，建立数学模型，让学生学会用数学符号表示数量关系和变化规律。通过独立思考或合作交流的方式分析问题、解决问题，求解数学模型，让学生学会用数学知识和方法分析问题和解决问题，培养发现问题、提出问题、分析问题和解决问题的能力，形成初步的模型意识，发展数学核心素养。

第二，数学模型是根据特定的研究目的，采用形式化的数学语言，表征研究对象主要特征和数量关系所形成的一种数学结构。在义务教育阶段的数学中，用数字、字母以及其他数学符号建立起来的代数式、关系式、不等式、方程、函数等都是数学模型。小学阶段的基本数学模型主要有"加法模型""乘法模型""函数模型"。其中,"加法模型"可以推演出"减法模型","乘法模型"可以推演出"除法模型","函数模型"主要表现在周长公式、面积公式、体积公式以及"路程＝速度×时间""总价＝单价×数量"等数量关系中。

第三,模型意识体现在建立数学模型和求解数学模型两个环节。建立数学模型是从现实生活或真实情境中抽象出数学问题,用数学符号表示数量关系和变化规律,是生活问题或真实情景数学化的过程,常常与符号意识紧密相关。求解数学模型是分析问题和解决问题的过程,常常又与几何直观和运算能力紧密相关。

因此,在教学过程中,教师要根据学生的认知水平和生活经验,重视生活问题或真实情境的数学化过程,为模型意识的形成奠定重要基础。在数的运算中,要重视建立"加法模型""乘法模型",让学生感悟加法和乘法的数学本质,而在周长、面积、体积的教学中,要重视建立"函数模型",让学生感悟变量之间的关系,从而不仅培养学生的数学"四能"和模型意识,而且促进学生数学核心素养的形成和发展。

第四节　数学"四能"与创新意识

《2022年版》指出:"创新意识主要是指主动尝试从日常生活、自然现象或科学情境中发现和提出有意义的数学问题。"创新意识的特征是自觉性和创造性,创新意识有助于学生形成独立思考、敢于质疑的科学态度与理性精神。创新意识主要体现在以下两个方面:一是初步学会通过具体的实例,运用归纳和类比发现数学关系与规律,提出数学命题与猜想,并加以验证;二是勇于探索一些开放性的、非常规的实际问题与数学问题。

创新意识关系到创新人才的培养,创新意识与数学"四能"紧密相关,我们在理解创新意识的过程中,应该注意以下几个方面的问题。

第一,从数学教育的角度看,创新意识的培养是数学教育的一项基本任务和长期工程,不仅要贯穿于数学教育的始终,而且要体现在数学教与学的过程之中。在小学数学数与代数、图形与几何、统计与概率、综合与实践四个领域的教学中,都要关注创新意识的培养。在数与代数、图形与几何、统计与概率的学习中,教师不能只关注数学知识本身,应该通过数学知识的学习,让学生学会通过归纳和类比的方法,发现数量关系和变化规律,引导学生提出数学命题或数学猜想,并加以验证,从而培养学生的创新意识。在综合与实践的学习中,教师应该鼓励学生勇于探索一些开放性的问题、非常规的问题,学会独立思考,敢于质疑,逐步形成科学态度与理性精神,培养创新意识。

第二,从数学"四能"的角度看,创新意识常常体现在发现问题、提出问题、分析问题和解决问题的过程中。发现问题和提出问题是创新的重要基础,独立思考、学会思考是创新的核心,通过归纳或类比得到数学命题或数学猜想,并加以验证,是创新的重要方法。在分析问题和解决问题的过程中,创新意识主要表现在方法的多样化。

第三,从数学推理的角度看,推理是数学思维的主要方式,也是人们学习和生活中经常使用的思维方式,包括合情推理和演绎推理。合情推理是从已有的事实出发,凭借经验和直觉,通过归纳和类比等方式推断结果的思维方式。演绎推理是从已有的事实和确定的规则出发,按照逻辑推理的法则推断结果的思维方式。合情推理和演绎推理虽然功能不同,但是相辅相成,合情推理常常用于探索思路、获得猜想、发现结论,演绎推理常常用于证明结论。合情推理一般包括归纳推理和类比推理,通过合情推理的方式思考问题,常常会获得意想不到的创新成果。发现问题、提出问题、建立数学模型的过程常常伴随着合情推理,而分析问题、解决问题、求解数学模型的过程常常伴随着演绎推理。归纳推理和类比推理在建立数学模型和创新意识的培养中发挥着重要作用，演绎推理在求解数学模型和确保结论的正确性中发挥着不可替代的作用。

　　因此，教师在教学过程中，要重视学生创新意识的培养，为创新人才的培养奠定坚实的基础。第一，在教学目标中，要重视数学"四能"目标的整体实现，它在创新意识和创新人才的培养中发挥着重要作用。教师应该根据具体的教学内容，采取有效的教学手段和教学方法，培养学生发现和提出问题的能力以及分析和解决问题的能力，培养学生的创新意识。第二，在问题解决中，要重视学生数学思维能力的培养。数学是思维的体操，问题是数学的心脏，教师应该在问题解决的教学中培养学生的数学思维能力，在动手操作、自主探索、合作交流过程中引导学生独立思考、学会思考，通过归纳或类比得到数学命题或数学猜想，并加以验证，从而培养学生数学"四能"和创新意识。第三，在数学学习中，要重视学生良好数学学习习惯的养成。良好的数学学习习惯是创新意识培养的重要保证，教师不仅要让学生体验获得成功的乐趣，锻炼克服困难的意志，而且要让学生养成认真勤奋、独立思考、合作交流、反思质疑等良好的数学学习习惯，逐步形成科学态度与理性精神，培养创新意识。

第五章

通过行为动词规范拟定教学目标

在义务教育数学课程标准中，通常用行为动词描述数学学习应该达到的相应水平和程度。因此，了解行为动词的基本含义和规范使用，有助于我们理解义务教育数学课程标准中的学段目标、内容要求、学业要求和教学提示，有助于我们准确把握教学内容所应达到的相应水平和程度，有助于我们科学规范地制定单元教学目标和课时教学目标，也有助于我们依据数学课程标准理念开展小学数学教学研究。

第一节 行为动词发展变化

我国从 1923 年到 20 世纪末，一共颁布了 7 个小学算术课程标准和 8 个小学数学（算术）教学大纲，从 2000 年到目前，共

第五章　通过行为动词规范拟定教学目标

颁布了 3 个义务教育数学课程标准。在 1992 年颁布的《九年义务教育全日制小学数学教学大纲（试用）》的附录中，第一次对"教学要求用语"（现在称为"行为动词"）进行了说明，在 2000 年颁布的《九年义务教育全日制小学数学教学大纲（试用修订版）》中，对"教学要求用语"的说明没有变化。

在 1992 年颁布的教学大纲[①]中，把描述教学要求的词汇分成了两类：一类是描述知识的教学要求，另一类是描述技能的教学要求。把有关知识的教学要求分为四个层次，分别是"知道""理解""掌握""应用"，并进行了解释说明，具体如下。

知道：是指对所学的知识有感性的、初步的认识，能够说出它指的是什么，并能识别它。表述词（现在称为"同类词"）还有"认识"等。

理解：是指对所学的知识有一些理性的认识，能够用语言表述它的确切含义，知道它的用途，知道它和其他知识间的联系和区别。

掌握：是指在理解的基础上，能够对所学的知识进行分析、判断或计算，能说明一些道理。

应用：是指能够用所学的知识解决一些简单的实际问题。表述词还有"运用"。

[①] 课程教材研究所.20 世纪中国中小学课程标准·教学大纲汇编（数学卷）[M].北京：人民教育出版社，2001：174–175.

把有关技能的教学要求分为三个层次，分别是"会""比较熟练""熟练"，并进行了解释说明，具体如下。

会：是指能够按照规定的方式、方法进行测量、画图、制作和正确的计算等数学活动。

比较熟练：是指对读数、写数、口算、笔算等，通过训练达到正确、比较迅速的程度。

熟练：是指对读数、写数、口算、笔算等，通过训练达到正确、迅速的程度。有时还能选择简便的方法，合理、灵活地计算，从而形成能力。

综上，我们不难发现：我国20世纪的"双基"教学背景下，这个时期颁布的教学大纲中都是从基础知识和基本技能两个方面提出了相应的教学要求，实质上，这一时期的行为动词只有一类，就是结果目标行为动词。

进入21世纪，2001年颁布的《实验稿》并没有专门设置附录对描述教学要求的词汇进行解释和说明。2011年颁布的《2011年版》首次把"双基"改为"四基"，把"两能"改为"四能"。这一时期，我们首次使用"行为动词"这一名称，首次把行为动词分成两类，一类是描述结果目标的行为动词，另一类是描述过程目标的行为动词，并在附录1中对描述教学要求的行为动词进行了解释和说明。

在2022年颁布的《2022年版》中，课程目标倡导核心素养导向，旨在通过结果目标和过程目标的达成，促进学生形成和发展数学核心素养。虽然行为动词依然保持原来的两类，但是也相应地做了修改和补充，强调结果目标和过程目标的达成是形成数学核心素养的基础和条件，提倡目标最终应该指向学生数学核心素养的形成和发展。

下面，我们对《2022年版》中的行为动词进行详细解读与分析。大家可以把《2022年版》与1992年的《九年义务教育全日制小学数学教学大纲（试用）》进行比较，也可以发现这些行为动词的联系与差异。

第二节　结果目标行为动词

数学"四基"中的基础知识和基本技能属于结果目标。《2022年版》中，结果目标对应的行为动词分为四个水平，从低到高，分别是"了解""理解""掌握""运用"。"了解"是结果目标中的最低水平和最低要求，"运用"是结果目标中的最高水平和最高要求。一般地，规范表述结果教学目标，通常采用"行为动词＋目标内容"的表述句式。本节将对这四种水平的行为动词进行相应解释，并结合具体例子阐述如何规范表述结果教学目标。

了解是指从具体实例中知道或举例说明对象的有关特征；根据对象的特征，从具体情境中辨认或者举例说明对象。"了解"是结果目标的第一水平要求,它的同类词是"知道""初步认识",这些行为动词一般用来描述"知识点"的结果目标。在这里需要特别注意的是,不能随意使用"初步"二字,"初步认识"是一个规范的行为动词,在所有行为动词中仅此一个行为动词带有"初步"二字,一些教师经常喜欢用的"初步了解"并非一个规范的目标行为动词,要引起足够的关注。因此,我们不能随意在行为动词前面添加"初步",这样会导致目标表述不规范的问题。比如,对于"分数的意义"这一知识点,如果要求达到第一水平时,拟定教学目标时,我们可以表述为"**了解**分数的意义"或"**初步认识分数的意义**",但是不能表述为"初步了解分数的意义"。

理解是指描述对象的由来、内涵和特征,阐述此对象与相关对象之间的区别和联系。"理解"是结果目标的第二水平要求,它是在"了解"基础上的一种更高要求,它的同类词是"认识"和"会"。一般地,"理解"和"认识"这两个行为动词都是用来描述"知识"的结果目标,而"会"通常用来描述"技能"的结果目标。在这里需要注意的是,"认识"属于第二水平要求,而"初步认识"属于第一水平要求,我们要注意区分和规范使用;"会"属于第二水平要求,但没有"初步会"这个行为动词,我们要注意认真体会和规范使用。比如,"两位数乘两位数的算理"这样的目标内容属于知识的目标,不属于技能的目标,因此,如果要求达到第二水平时,拟定教学目标时,我们可以表述为"**理解**两位数乘两位数的算理",而不表述为"会两位数乘两位数的算理"。

掌握是指多角度理解和表征数学对象的本质,把对象用于新的情境。"掌握"是结果目标的第三水平要求,它是在"理解"基础上的一种更高要求,它的同类词是"能"。一般地,"掌握"用来描述知识的目标,而"能"用来描述技能的目标。比如,"分数各部分的名称"是知识的目标内容,不是技能的目标内容,因此,如果要求达到第三水平,在拟定教学目标时,我们可以表述为"**掌握**分数各部分名称"。"正确读写分数"是技能的目标内容,不是知识的目标内容,因此,如果要求达到第三水平,在拟定教学目标时,我们可以表述为"**能**正确读写分数"。也就是说,在规范表述教学目标时,首先要准确判断目标内容的基本属性是知识目标还是技能目标,精准确定后再选取匹配的目标行为动词进行表述。

运用是指基于数学对象和对象之间的关系,选择或创造适当的方法解决问题。"运用"是结果目标的第四水平要求,也是最高水平要求,它是在"掌握"基础上的一种更高要求,它的同类词是"证明""应用"。一般地,"运用""应用""证明"都是用来描述技能的目标。"应用"是《2022年版》中新增的同类词,在《2011年版》和《实验稿》中并没有,在1992年的《九年义务教育全日制小学数学教学大纲(试用)》中虽然有这个行为动词,但是内涵发生了显著的变化。"证明"通常用来描述初中几何学基本命题(基本事实)的目标内容,在小学数学中,一般不使用

"证明"这一行为动词来描述目标内容。比如，对于"折线统计图"的基本技能，如果要求达到第四水平，拟定教学目标时，我们可以表述为"应用折线统计图描述和分析问题"。

在这里需要强调的是，虽然以上行为动词都是用来描述结果目标，但是，结果目标包括知识目标和技能目标两个方面，使用行为动词时略有不同，要注意目标类型和行为动词的匹配问题。一般情况下，当我们要描述知识的目标水平要求时，通常使用"了解""知道""初步认识""理解""认识""掌握"等行为动词。而当我们要描述技能的水平要求时，通常使用"会""能""运用""应用"等行为动词。另外，还需要进一步强调的是，"会"和"能"在这里属于不同水平要求的行为动词，"会"属于第二水平要求，"能"属于第三水平要求。在日常生活语言表述习惯中，"会"和"能"仿佛没有区别，如"我会画图"和"我能画图"，好像差别不大，但是，在数学学习要求的水平描述上，我们不能随便使用"会"和"能"，要严格加以区分。

比如，对于"分数的初步认识"，从"双基"的角度分析，基础知识是"分数的意义""分数各部分名称"，基本技能是"正确读写分数""用分数解决简单实际问题"。因此，我们可以这样规范表述第一维度的教学目标：在观察、操作和思考等数学活动中，**了解**分数的意义，**掌握**分数各部分的名称，**能**正确读写分数，会用分数解决简单实际问题。

第三节　过程目标行为动词

数学"四基"中的基本思想、基本活动经验和数学"四能"以及核心素养等都属于第二维度的过程目标。《2022年版》中，过程目标对应的行为动词也分为四个水平，分别是"经历""体验""感悟""探索"。"经历"是过程目标中的最低水平和最低要求，"探索"是过程目标中的最高水平和最高要求。一般地，规范表述过程教学目标，通常采用"行为动词+目标内容"的表述句式。本节将对这四种水平的行为动词进行相应解释，并结合具体例子阐述如何规范表述过程教学目标。

经历是指有意识地参与特定的数学活动，感受数学知识的发生发展过程，获得一些感性认识。"经历"是过程目标的第一水平要求，是过程目标的最低水平要求，它的同类词是"感受"和"尝试"。通过"经历""感受""尝试"，最终获得的是"感性认识"。比如，对于"用字母表示数"，拟定过程教学目标时可以这样表述：**经历**发现问题、提出问题、分析问题和解决问题的过程，**感受**用字母表示具有一般性，**尝试**用字母表示简单的数量关系。

体验是指有目的地参与特定的数学活动，验证对象的特征，获得一些具体经验。"体验"是过程目标的第二水平要求，它是在经历基础上的一种更高要求，它的同类词是"体会"。通过"体验"和"体会"，最终获得的是"具体经验"。比如，对于"平行四边形面积"，拟定过程教学目标时可以这样表述：**体会**平行四边形底和高的对应关系。这里需要特别指出的是，要描述数学思想的教学目标时，通常使用"体会"这个行为动词。比如，"平行四边形面积"的教学内容蕴含着转化思想和变中不变思想，我们拟定过程教学目标时可以表述为：**体会**转化思想和变中不变思想。

感悟是指在数学活动中，通过独立思考或合作交流，获得初步的理性认识。"感悟"是过程目标的第三水平要求，是在体验基础上的一种更高要求，它没有同类词，是《2022年版》中新增的行为动词。通过"感悟"，最终获得的是"理性认识"。比如，对于"同分母分数加减法"，为了强调整数和分数加减法运算的本质具有一致性，都是计数单位的累计，让所学知识结构化，我们拟定过程教学目标时可以表述为：**感悟**整数、分数加减法运算的一致性。

探索是指在特定的问题情境下，独立或合作参与数学活动，理解或提出数学问题，寻求解决问题的思路，获得确定结论。"探索"是过程目标的第四水平要求，也是过程目标的最高要求，它是在感悟基础上的一种更高要求，它没有同类词。通过"探索"，最终获得的是"确定结论"。比如，《2022年版》在第三学段图形

第五章　通过行为动词规范拟定教学目标

与几何的"内容要求"中指出"探索并掌握平行四边形、三角形和梯形的面积计算公式",在这里包含两层含义:一是从结果目标的角度分析,要求应该达到第三种水平"掌握",二是从过程目标的角度分析,要求应该达到第四种水平"探索"。因此,对于"平行四边形面积",我们拟定过程教学目标时,可以表述为:**探索**平行四边形的面积。

总之,"经历""体验""感悟"和"探索"是描述过程目标四种不同水平的目标行为动词,通过"经历"获得"感性认识",通过"体验"获得"具体经验",通过"感悟"获得"理性认识",通过"探索"获得"确定结论"。因此,我们在拟定一个单元或者一个课时的过程教学目标时,要注意精准判断过程的目标水平,准确选择匹配的目标行为动词。

第四节　规范拟定教学目标

行为动词对于课程标准来说,科学规范地表述了义务教育阶段数学课程的内容要求和学业要求,对于广大一线教师来说,利用行为动词可以科学规范表述单元教学目标和课时教学目标。

运用行为动词科学规范拟定教学目标,不仅解决了教学目标的问题,而且是真正贯彻落实义务教育数学课程标准基本教学理念的一个集中体现,我们应该给予足够的重视。然而,长期以来,广大一线教师都非常重视一节课的教学过程设计,却常常不重视一节课的教学目标拟定,通常没有经过自己的独立思考,直接从教师指导用书(以往称"教参")里面抄写下来,或者作一些简单地修改和调整,从而导致贯彻落实课程标准的教学理念成为一句空话,拟定的教学目标也不全面、不规范、不合理。

本节基于《2022年版》的教学理念,以"同分母分数加减法"为例,谈谈规范表述教学目标的四个关键性问题,供教师们参考。

一、要明确教学目标的主体

我国义务教育数学课程改革进入21世纪后,在《实验稿》中就提出"学生是数学学习的主人",在《2011年版》和《2022年版》中都表述为"学生是学习的主体"。因此,根据这一教学理念,教学目标的主体是"学生"。于是,《2022年版》对课程目标的表述采用以下方式:通过义务教育阶段的数学学习,学生……学生能:(1)……(2)……(3)……这个表述体现了"学生"是学习的主体,也就是"学生"是目标语句中默认的主语。然而,现在很多教师依然受到20世纪教学大纲表述习惯的影响,在教学目标中习惯表述为:使学生……,让学生……,培养学生……,等等,这样的表述形式是不符合当前的教学理念的。比如："让学生理解同分母分数加减法的算理"这样的目标表述就不规范，应该去掉"让学生"三个字，将这一教学目标规范表述为"理解同分母分数加减法的算理"，这里默认的主语是"学生"。

二、要了解教学目标的句式

教学目标的句式通常采用"行为动词+目标内容"的形式进行表述，要把行为动词置于句首，不要混在句子的中间，如果为了强调达成教学目标需要相应的条件或前提，可以采用加上辅助句的形式进行表达。认识到这一点非常重要，这是规范表述教学目标的重要基础。

比如，"在观察、操作和思考等数学活动中理解同分母分数加减法的算理"，这个句子表述的是知识方面的教学目标，但是句式不规范，没有将行为动词置于句首。我们可以采用断句（辅助句）的方式进行调整，将它表述为"在观察、操作和思考等数学活动中，理解同分母分数加减法的算理"，这里的目标行为动词是"理解"，属于第二水平要求，具体的目标内容是"同分母分数加减法的算理"，这里的辅助句"在观察、操作和思考等数学活动中"，强调了达成"理解同分母分数加减法的算理"这一教学目标的前提条件。

三、要确定教学目标的内容

要规范表述教学目标，除了需要了解教学目标的句式，还需要确定好教学目标的具体内容，通常我们可以从数学"四基"、数学"四能"、核心素养、情感态度等方面进行思考。然而，广大一线教师常常受到"双基"教学的影响，习惯于从基础知识和基本技能两个方面确定教学目标，这样确定教学目标的内容还很不完整，这里仅仅确定了结果目标的内容。我们还应该立足于具体的教学内容，确定好过程目标的内容，它不仅包括数学"四基"中的基本思想和基本活动经验，还包括数学"四能"、核心素养和情感态度等内容。

比如，对于"同分母分数加减法"，从数学"四能"的角度分析，基础知识有两个方面：一是同分母分数加减法运算的算理，二是同分母分数加减法运算的算法。基本技能也有两个方面：一是正确进行计算，二是解决简单实际问题。基本思想有数形结合思想（为了帮助学生理解算理，通常采用数形结合的方式）和变中不变思想（运算的对象变了，从原来的整数变成分数，加减法运算的本质不变，都是计数单位的累计）。基本活动经验有观察的经验、思考的经验和表达的经验。从数学"四能"的角度分析，应该让学生经历发现问题、提出问题、分析问题和解决问题的过程，培养学生发现问题、提出问题的能力和分析问题、解决问题的能力。从核心素养的角度分析,"同分母分数加减法"属于分数知识的发展过程,主要对应的核心素养是"会用数学的思维思考现实世界",关联核心素养的主要表现是运算能力和推理意识。

四、要选好教学目标的行为动词

当我们确定好一节课各个维度教学目标的具体内容时,接下来就是要根据目标内容的属性,从结果目标行为动词和过程目标行为动词中选好对应水平要求的目标行为动词进行匹配,这样就可以写出规范的教学目标。比如,对于"同分母分数加减法",一是知识目标内容与行为动词的匹配,同分母分数加减法运算的算理,对应的行为动词是"理解",同分母分数加减法运算的算法,对应的行为动词是"掌握"。二是技能目标内容与行为动词的匹配,正确进行计算,对应的行为动词是"能",解决简单实际问题,对应的行为动词是"会"。三是思想目标内容与行为动词的匹配,数形结合思想和变中不变思想,对应的行为动词是"体会"。四是基本活动经验方面,我们习惯使用"积累"与之匹配。五是数学"四能"方面,对应的行为动词是"经历"。六是核心素养方面,我们习惯使用"发展"。这样,"同分母分数加减法"的三维目标,就可以进行如下表述:

(1)在观察、思考和表达等数学活动中,**理解**同分母分数加减法运算的算理，**掌握**同分母分数加减法运算的算法，**能**正确进行运算，会解决简单实际问题。

（2）**经历**发现问题、提出问题、分析问题和解决问题的过程，**发展**运算能力和推理意识，**体会**数学形结合思想和变中不变思想，**积累**观察的经验、思考的经验和表达的经验。

（3）**感受**数学与生活以及数学知识之间的紧密联系，**体会**数学的价值，**体验**数学的奇妙，**感悟**分数加减法运算的一致性，激发数学学习的兴趣，树立学好数学的信心，养成良好的学习习惯。

第六章

通过问题驱动创新设计教学过程

义务教育数学课程标准经历近百年的发展与变化，现在聚焦在三个关键问题：数学"四基"、数学"四能"和核心素养。因此，我们应该学会从数学"四基"、数学"四能"和核心素养的角度分析教学内容、拟定教学目标，这是贯彻落实数学课程标准理念的重要基础。

数学"四基"、数学"四能"是发展学生核心素养的有效载体，核心素养是对数学"四基"和数学"四能"教学目标提出的更高要求。因此，核心素养导向的教学是当前重要的教学研究课题，通过数学学习，让学生学会用数学的眼光观察现实世界，学会用数学的思维思考现实世界，学会用数学的语言表达现实世界，是当前数学教学的价值取向。

教学设计是贯彻落实课标理念的关键环节，是发展学生核心素养的根本保证。教学设计是一门艺术，教学设计是立足课程标准的教学理念和个人倡导的教学主张，在精准把握教学内容的基础上，根据学生的已有经验和认知特点设计具体教学方案的过程。

教学设计需要遵循四个基本原则：一是站位要高、基点要低。站位要高是指要站在数学本质和数学思想的高度上把握教学内容，基点要低是指教学的基点要设计在学生已有的知识和经验的基础上，确保学困生也能听明白。二是由浅入深、深入浅出。由浅入深是指教学环节的推进设计要循序渐进、螺旋上升；深入浅出是指教学的结果要浅显易懂、恍然大悟。三是融入思想、突出思考。融入思想是指教学过程的设计要融入数学思想，不能仅仅停留在基础知识和基本技能的层面；突出思考是指教学过程的设计要突出数学思考，要让"听"的味道淡一些，"想"的味道浓一些，通过问题驱动的设计启发学生数学思考。四是明暗交融、和谐统一，是指课堂教学的明线和暗线互相交融，明线是问题解决，暗线是数学思想，在问题解决的过程中融入数学思想，最终达到和谐统一的境地。

教学设计需要关注教学的四个关键要点：基准点、生长点、延伸点、拓展点。"基准点"是魅力课堂的重要基础，把握好课堂教学的"基准点"是教学设计的第一要务。"基准点"关系到课堂教学中的"基调"和"基点"问题，设计时要注意遵循"站位要高、基点要低"的原则，要站在数学本质的高度设计一节课的"基调"，要立足学生已有的知识和经验设计一节课的"基点"。"生长点"是魅力课堂的关键所在，把握好课堂教学的"生长点"是教学设计的第二要务。"生长点"关系到课堂教学中新课的推进和新知的生长问题，不仅要符合学科知识发展的逻辑，而且要符合学生认知发展的逻辑。"延伸点"是魅力课堂的基本保证,把握好课堂教学的"延伸点"是教学设计的第三要务。"延伸点"关系到课堂教学中新知内化与技能巩固的持续推进问题。在纵向延伸中,推进新知的内化,不仅要符合学科知识发展的逻辑,而且要符合学生认知发展的逻辑;在横向延伸中,推进技能的巩固,要促进学生更为积极地思考。"拓展点"是魅力课堂的根本保障,把握好课堂教学的"拓展点"是教学设计的第四要务。"拓展点"关系到课堂教学中数学思考的深度和广度问题。通过类比推理发现并提出新的问题,把数学思考引向深入、导向远方,让思考永远在路上,让奇妙一直在心上。

本章将通过一些具体课例的设计与分析,讨论如何基于数学课程标准的教学理念,结合魅力课堂的教学主张,通过问题驱动的方式,创新设计教学过程,让课堂焕发数学应有的魅力,让学生绽放生命应有的活力,促进学生更好地学知识、长见识和悟道理。

第一节 基于数感、几何直观的教学设计

——以"分数的初步认识"为例

"分数的初步认识"属于数与代数领域第二学段"数与运算"

主题中数的认识的教学内容，这是一节典型的数学概念课。《2022年版》在"内容要求"中提出：结合具体情境，初步认识分数，感悟分数单位；在"学业要求"中提出：能直观描述分数，能比较简单的分数的大小；在"教学提示"中提出：通过学生熟悉的具体情境，引导学生初步认识分数，进行简单的分数大小比较，感悟分数单位，发展学生数感。本节将探讨如何用好数学课程标准研究"分数的初步认识"的教学问题，如何落实数学课程标准的教学理念。

从数学"四基"的角度分析，"分数的初步认识"，基础知识是分数的意义，匹配的目标行为动词是"理解"，属于结果目标的第二水平要求；分数各部分的名称及含义，匹配的目标行为动词是"掌握"，属于结果目标的第三水平要求。基本技能是正确读写分数，匹配的目标行为动词是"能"，属于结果目标的第三水平要求；用分数解决简单问题，匹配的目标行为动词是"会"，属于结果目标的第二水平要求。基本思想是抽象思想，具体包括分类思想（通过学习体会数可以分成自然数和分数）、集合思想（自然数和分数都有无数个，组成两个大家族）、符号表示思想（用新的数学符号表示比 0 大比 1 小的量）、数形结合思想（通过数线和圆形卡片把分数与图形结合起来）和变中不变思想（分数的分母、分子变了，分数的"样子"不变），匹配的目标行为动词是"体会"，属于过程目标的第二水平要求。由于在分数初步认识的学习中，需要经历观察、思考、表达等数学活动，因此，本节课的基本活动经验是观察的经验、思考的经验和表达的经验。

从核心素养的角度分析，"分数的初步认识"探究的是数学知识的形成过程，主要关联的核心素养是"数学眼光"，主要表现在数感、符号意识和几何直观。通过这节课的学习，教师应该让学生学会用数学的眼光观察现实世界，发展学生数学核心素养。

从数学本质的角度分析，分数是一种数，数是量的抽象，分数单位是比0大比1小的量的一种抽象。分数具有可数性，通过分数单位数一数，不仅可以产生新的分数，而且可以发展数感。因此，分数与自然数具有一致性，它们都是量的抽象，都具有可数性，都能通过计数单位产生新的数，构成一个数的家族。

从数学"四能"的角度分析，本节课教师应该通过问题驱动的方式，让学生经历一个发现问题、提出问题、分析问题和解决问题的过程，促进学生更为积极地思考。传统概念课通常采用讲授法，把现成的数学知识直接告诉学生，再进行适当的解释，帮助学生理解知识，这样的设计思路不利于学生积极思考和学会思考。因此，我们必须立足分数的数学本质，创新教学设计的思路。我们可以借助数线，把自然数0、1、2、3事先安排在数线的相应位置上，通过观察发现并提出问题——0和1之间**有没有**住着其他数？以此作为本节课的核心问题，驱动学生的数学思考，如果有，会**是什么**？通过一些数学活动发现真的有，就是分数，进一步促使学生思考，这些分数都住**在哪里**？让分数回归到数线上，初步感知它们的大小关系，最后启发学生再次发现并提出问题——**还有吗**？这样，本节课就可以通过"有没有""是什么""在哪里""还有吗"四个问题驱动学生思考，落实数学"四基"、数学"四能"和核心素养的教学目标。

基于以上分析，下面是本节课四个关键要点的教学设计与探讨。

第一，教学基准点的设计。对应的驱动性问题是"有没有"。从本质上看，分数是一种数，因此，本节课的教学基准点应该设计在学生已有的知识自然数的基础上，通过学习感悟分数和自然数都是"数"的大家族中的重要成员，虽然"样子"不同，但是本质一致。下面是围绕本节课的基准点设计的教学片段。

师：你们认识数吗？

生：认识。

师：请你说几个。

生：0、1、2、3。

师：说得完吗？

生：说不完。

师：这些数是我们一年级的时候认识的，它们叫作自然数，自然数是一个大家族，说也说不完！你们知道这些自然数都住在哪里吗？

生：（摇摇头）不知道。

师：（黑板事先画好数线）现在我把 0 安顿在这条数线的起点处，把 1 安顿在它的右边，那么 1 的后面住着谁？

生：（异口同声）2。

师：2 的后面住着谁呢？

生：（异口同声）3。

师：对了！这样所有的自然数在数线上就都有了自己唯一的家。

师：（指着数线上的 0 和 1）0 和 1 是邻居，你觉得 0 和 1 之间还住着其他数吗？（出示驱动性问题——有没有）这就是今天我们要一起研究的问题，通过今天的学习你就会知道了。

（学生很疑惑、很好奇。）

在以上教学片段中，把分数的学习植入到"数"的土壤中，为知识的"生长"提供丰富的养分，通过数线把离散的自然数"串"在一起，为知识的"生长"提供直观的模型，通过"0 和 1 之间还住着其他数吗"这一驱动性问题，不仅激发了学生的学习欲望，而且开启了分数的学习之旅。

第二，教学生长点的设计。对应的驱动性问题是"是什么"。我们可以创设一个分蛋糕的情境，用一个圆形的卡片表示一个蛋糕，事先制作四张卡片，第一张卡片背面贴着一个完好的圆，第二张卡片背面把一个圆平均分成了 2 份，第三张卡片背面把一个圆平均分成了 4 份,第四张卡片背面把一个圆平均分成了 8 份。新知识就在翻卡片的活动中得以生长,面对比 1 小的量,寻求新的表达方式,分数就此诞生。下面是围绕本节课的生长点设计的教学片段。

师:(翻开第一张卡片)一个圆片表示 1 个蛋糕,这是表示几个蛋糕?用哪个数来表示?

生:一个,用 1 表示。

师:(翻开第二张卡片)你发现了什么?

生:一个蛋糕平均分成了 2 份。

师:你想到了哪个成语?

生:一分为二、一刀两断……

师:这些成语中都有一个特点,既说到"一",又说到"二"。

师:如果我把它们分给两个人,每人得到几个蛋糕?

生:(齐声)半个。

师:(指着其中的一份)"半个"你准备用什么符号进行表示?请你们独立思考后写在练习本上。

生:(选择一个学生的板书)$\frac{1}{2}$。

师:通过平均分得到的数,这是什么数?

生:分数。

师:这条短横叫什么?表示什么意思?

生:这是分数线,表示平均分。

师：分数线的下面叫什么？表示什么意思？

生：叫分母，表示平均分成2份。

师：如果是平均分成3份，那么分母写几？

生：写3。

师：很好。把一个东西平均分成几份，分母就写几。

师：分数线的下面叫分母，那么上面叫什么？表示什么意思？

生：叫分子，表示1份。

师：如果我要表示这样的2份，分子写几？

生：写2。

师：真好。如果我要表示这样的3份，分子写几？

生：写3。

师：对了，要表示这样的几份，分子就写几。

师：这个分数我们就读作"二分之一"，跟读一遍。

师：我们一起回顾一下分数产生的过程，先要平均分，接着得到2份，我们表示其中的1份。因此，这个分数应该怎么写呢？

生：先写分数线，接着写分母，最后写分子。

师：（翻开第三张卡片）这张图把一个圆平均分成4份，表示其中的1份将会产生哪个分数？

生：$\frac{1}{4}$。

师：请你们在自己的练习本上写一遍。现在我们一起来数一数，这里面有几个 $\frac{1}{4}$。

生：1个 $\frac{1}{4}$，2个 $\frac{1}{4}$，3个 $\frac{1}{4}$，4个 $\frac{1}{4}$。

师：你们发现了什么？

生：发现1里面有4个 $\frac{1}{4}$。

（教师翻开第四张卡片学习 $\frac{1}{8}$，过程同上，此处省略。）

师：$\frac{1}{2}$、$\frac{1}{4}$、$\frac{1}{8}$ 这三个分数什么变了？什么不变？

生：分母变了，分子都不变。

生：它们的样子也不变，而且都有分数线。

师：观察得真仔细。它们的分子都是1，我们称这样的分数为分数单位，因此，我们就可以用这样的分数单位数一数。

师：（指着 $\frac{1}{2}$、$\frac{1}{4}$、$\frac{1}{8}$ 对应的卡片）认真观察这三个分数，你还能发现什么？

生：发现这三个分数越来越小。

以上教学片段，在具体情境中让学生经历了分数的产生过程：一个蛋糕用1表示，半个蛋糕怎么表示？伴随着第二张卡片产生的新问题，知识开始了第一次的生长，生长出新的数学符号——分数。结合具体情境，知识开始了第二次生长，生长出分数各部分的名称、含义以及读法。根据平均分的过程，知识开始了第三次生长，生长出分数的写法。在翻开第三张卡片后，知识进行了第四次生长，生长出新的分数 $\frac{1}{4}$；在翻开第四张卡片后，知识进行了第五次生长，生长出新的分数 $\frac{1}{8}$。在观察比较 $\frac{1}{2}$、$\frac{1}{4}$、$\frac{1}{8}$ 这三个分数的过程中，知识进行了第六次生长，生长出分数单位和这三个分数的大小关系。在这里必须明确指出的是，第二、三、四张卡片的设计，除了承载教学 $\frac{1}{2}$、$\frac{1}{4}$、$\frac{1}{8}$ 的任务以外，还承载着发展学生符号意识和几何直观的任务，用 $\frac{1}{4}$ 为单位数一数，发现 1 里面有 4 个 $\frac{1}{4}$，用 $\frac{1}{8}$ 为单位数一数，发现 1 里面有 8 个 $\frac{1}{8}$，不仅积累了数数的直观经验，而且为后续同分母分数的加法和整数乘分数的运算奠定了重要的基础，还发展了学生的数感。这样的教学设计，不仅让学生学习了知识，获得了技能，还感悟了思想，积累了经验，逐步学会用数学的眼光观察现实世界，有效落实了核心素养的教学目标。

第三，教学延伸点的设计。对应的驱动性问题是"在哪里"。如果一节课就是在讲一个数学故事的话，那么这个故事还没有结束，我们还没有真正回答课前提出的问题——0 和 1 之间有没有住着其他数？这就是教学延伸点的设计——让 $\frac{1}{2}$、$\frac{1}{4}$、$\frac{1}{8}$ 这三个分数回到数线上，它们都在哪里？通过数形结合的方式，感悟数形结合思想，积累数学活动经验，进一步发展学生的数感，同时，也为后面的拓展思考、发现问题和提出问题奠定重要基础。下面是围绕本节课的延伸点设计的教学片段。

师：（指着数线）0 的家在这里，1 的家在这里，那么 $\frac{1}{2}$ 的家在哪里？请你把 $\frac{1}{2}$ 这张小卡片放在数线相应的位置上。

生：（略加思考后放置卡片）$\frac{1}{2}$ 在 0 和 1 的中间。

师：那么 $\frac{1}{4}$ 的家又在哪里？

生：（自信地放置卡片）$\frac{1}{4}$ 在 0 和 $\frac{1}{2}$ 的中间。

师：你们觉得接下来我会提什么问题？

生：$\frac{1}{8}$ 的家在哪里？

师：真厉害！你觉得它应该在哪里？

生：（快速地放置卡片）在 0 和 $\frac{1}{4}$ 的中间。

师：（顺势而上）$\frac{1}{16}$ 的家在哪里？

生：（异口同声）在 0 和 $\frac{1}{8}$ 的中间。

师：（继续推进）$\frac{1}{32}$ 的家在哪里？

生：（齐声）在 0 和 $\frac{1}{16}$ 的中间。

师：（继续推进）$\frac{1}{64}$ 的家在哪里？

生：（齐声）在 0 和 $\frac{1}{32}$ 的中间。

师：认真想一想，你发现了什么？

生：它们越来越靠近 0。

师：会住到 0 的家里去吗？

生：不会。

师：这样的分数你说得完吗？

生：说不完，有无数个！

师：（指着 0 和 1 这一段）小小的这一段竟然住着无数个分数，这就是数学的奇妙之处！

在以上教学片段中，通过在数线上找到分数的家，把分数的知识进行了延伸。通过数形结合和直观观察，把学生的数学思考引向深入，初步感知分数的大小关系，感悟分数单位是比 0 大比 1 小的量的抽象，进一步发展数感和几何直观，也解决了课前提出的问题，不仅明确了 0 和 1 之间还住着其他数——分数，而且懂得了 0 和 1 之间住着无数个分数，体会了数学的神奇和美妙，这就是数学的魅力之所在！

第四，教学拓展点的设计。对应的驱动性问题是"还有吗"。如果说问题解决了，一节课的数学故事也就结束了，那么如何在此基础上继续由浅入深地推进教学的进程，把数学思考继续引向深刻？让学生自己发现并提出新的数学问题，在数学学习中逐步学会思考，这就是教学拓展点的设计。下面是围绕本节课的拓展点设计的教学片段。

师：通过今天的学习，谁能提出新的问题？

生：有一分之二吗？

师：请你把一分之二写出来。

（学生写在黑板上。）

师：（指着一分之二）这个同学有创造，这个分数你们受得了吗？

生：（大笑）受不了。

师：谁还有问题？

生：有一分之一吗？

师：好问题。给她掌声。如果有，你觉得应该住在哪里？

生：住在1的家里。

师：还有问题吗？

生：分数有得数吗？

生：分数能减分数吗？

生：还有比八分之一大的数吗？

生：分数能当得数吗？

生：有一分之零吗？

生：有没有零分之一？

生：有没有零分之零？

生：分数和分数能除吗？

生：有没有比零分之零更小的数？

生：分数能列竖式吗？

生：1和2之间有分数吗？

生：2的后面还有分数吗？

生：0的左边还有分数吗？

……

以上教学片段，体现了学生通过学习运用类比推理思考问题的过程，在发现并提出新的数学问题中，学生逐步学会了思考，学会了用数学的思维思考现实世界，发展了数学核心素养。通过一节课的学习，结束了分数初步认识的学习之旅，解决了一个核心问题——0和1之间有没有住着其他数。在解决问题的过程中，学生不仅学习了知识，而且增加了见识，感悟了道理，经过独立思考，重新发现并提出了一系列的新问题。一节课的学习虽已经结束，一阵子的思考却刚刚开始，这样的教学设计，让数学探索之旅、思考永远在路上，让学生在不断地思考中体会到数学学习的乐趣，这就是数学课堂的魅力，这就是数学好玩的根源。

第二节　基于推理意识、几何直观的教学设计

——以"三角形内角和"为例

"三角形内角和"属于图形与几何领域第三学段"图形的认识与测量"主题中图形的认识的教学内容，这是一节典型的数学探究课。《2022年版》在"内容要求"中提出：知道三角形内角和是180°；在"学业要求"中提出：通过对图形的操作，感知三角形内角和是180°；在"教学提示"中提出：可以从特殊三角形入手，通过直观操作，引导学生归纳出三角形内角和，增强几何直观。本节将探讨如何用好数学课程标准研究"三角形内角和"的教学问题，如何落实数学课程标准的教学理念。

从数学"四基"的角度分析，"三角形内角和"，基础知识是三角形内角和是180°，匹配的目标行为动词是"掌握"，属于结果目标的第三水平要求。基本技能是用三角形内角和解决简单问题，匹配的目标行为动词是"会"，属于结果目标的第二水平要求。基本思想主要有推理思想和抽象思想，推理思想具体包括归纳思想（从个别三角形内角和存在的一定规律得出所有三角形都具有的一般结论）、类比思想（由三角形内角和存在规律类比推

断其他多边形也存在规律）、转化思想（把多边形内角和问题转化成三角形内角和问题）；抽象思想具体包括分类思想（为了探索三角形内角和的一般规律，把三角形分成三类分别探索）和变中不变思想（三角形形状、大小都在变，三角形内角和的规律不变），匹配的目标行为动词是"体会"，属于过程目标的第二水平要求。由于在三角形内角和的探索过程中，需要经历观察、思考和表达等数学活动，因此，本节课的基本活动经验是观察的经验、思考的经验和表达的经验。

  从核心素养的角度分析，"三角形内角和"比较特殊，虽然归属"图形的认识"的教学内容，但不是图形的概念，而是图形的性质。因此，这一教学内容具有双重性，从图形性质的角度分析，属于知识的发展过程，主要关联的核心素养是"数学思维"，主要表现在推理意识；从图形认识的角度分析，属于数学知识的形成过程，主要关联的核心素养是"数学眼光"，主要表现在几何直观。通过这节课的学习，教师应该让学生学会用数学的眼光观察现实世界、学会用数学的思维思考现实世界，发展学生数学核心素养。

  从数学本质的角度分析，三角形是最简单的封闭图形，但是研究多边形内角和的规律时，最直观的图形不是三角形，而是长方形。因为长方形的四个角都是直角，直角是90°，这些都是学生已知的知识。因此，我们可以轻易得出长方形内角和是360°，以此作为研究多边形内角和的重要基础和基本事实。

研究三角形内角和的问题时，切入点应该是直角三角形，因为其中有一个角是直角，另外，三角尺是学生常用的学具，两块三角尺也是直角三角形，直角三角形是特殊的三角形，因此，从直角三角形入手研究三角形内角和的问题，符合数学课程标准提出"可以从特殊三角形入手，通过直观操作，引导学生归纳出三角形内角和，增强几何直观"的教学建议。把长方形和直角三角形联结起来，就更加接近三角形内角和探索过程的数学本质。

从数学"四能"的角度分析，本节课应该通过问题驱动的方式让学生经历一个发现问题、提出问题、分析问题和解决问题的过程，促进学生更为积极地思考，学会用数学的思维思考现实世界。因此，我们必须立足三角形内角和的数学本质，创新教学设计的思路。当我们从内角和的角度研究问题时，马上就会发现：所有的长方形的内角和都是360°，长方形的大小变了，内角和却保持不变。由此产生猜想：三角形**有没有**蕴含类似的规律呢？如果有，**是什么**？我们将长方形沿着对角线剪开，就变成了两个完全一样的直角三角形，通过计算和推断，发现这个直角三角形的内角和是180°，通过两块三角尺直接验证了这个结论，通过类比推理再次提出新的猜想：锐角三角形和钝角三角形的内角和也是180°吗？把这个直角三角形沿着直角顶点朝着斜边剪成一个锐角三角形和一个钝角三角形，并进行验证，进一步思考：三角形大小变了，形状也变了，**为什么内角和却不变呢**？由于三类不同三角形的内角和都是180°，因此，通过归纳推理得出一般的结论：

任意三角形的内角和都是180°。到此,三角形内角和的问题解决了。之后继续询问——**还有吗**,通过询问驱动学生发现并提出新的问题。这样,本节课就可以通过"有没有""是什么""为什么""还有吗"四个问题驱动学生思考,落实数学"四基"、数学"四能"和核心素养的教学目标。

基于以上分析,下面是本节课四个关键要点的教学设计与探讨。

第一,教学基准点的设计。对应的驱动性问题是"有没有"。本节课探索的是三角形内角和,这里包含两个前置概念:内角、内角和。根据前面的分析,三角形内角和缺乏已有的基本事实,可以设计在长方形内角和这一直观结论的基础上,因此,本节课教学基准点可以设计在两个前置概念和一个基本事实的基础上,由长方形内角和都是360°,通过类比推理的方式,提出本节课的核心问题——三角形有没有蕴含类似的规律,开启三角形内角和的探索之旅。下面是围绕本节课的基准点设计的教学片段。

1. 教学内角的概念

师:(呈现长方形卡纸)这是什么?

生:长方形。

师:长方形有几个角?

生:四个角。

师:四个角都是什么角?

生：直角。

师：直角是多少度？

生：90°。

师：请认真观察，这四个角是在图形的"内部"还是"外部"？

生：都在图形的内部。

师：在图形"内部"的角，你想叫它什么角？

生：（稍加思考后犹豫地说）内角。

师：真棒。数学家也称它为"内角"，长方形有几个内角？

生：四个。

师：既然有内角，那就有——

生：（微笑、齐声）外角。

师：这是你们大胆的设想，敢想敢说，真好！其实，在我们生活中有许许多多的"内"和"外"，比如：有课内，也就有课外；有校内，也就有校外；有国内，也就有国外。

师：我们有外公（妈妈的爸爸），也就有——

生：（全场笑声）内公（爸爸的爸爸）。

2. 教学内角和的概念

师：大人经常这样说，不知道你们能不能听得懂？长方形"内角和"，你们知道这是什么意思吗？

生：（自信）就是把长方形的所有内角通通加起来。

师：（竖起大拇指）真好！把一个图形的所有内角都加起来，

我们就称它为这个图形的"内角和"。

3. 教学长方形内角和

师：长方形的内角和几度？

生：360°。

师：怎么想的？

生：一个内角90°，4个内角就是360°。

师：（在黑板上呈现两个比较小的长方形卡片）这两个长方形内角和各是多少？

生：都是360°

师：（指着黑板上三个大小不同的长方形）你们发现了什么？什么变了？什么不变？

生：长方形的大小变了，内角和不变，都是360°。

师：这就是图形中内角的奥秘！你能发现并提出新的问题吗？

生：三角形有没有类似的奥秘？

在现有的教材中都没有设计内角、内角和这两个概念的学习，把它们当成学生已有的知识，这是不合理的，故而这两个专有的名词对于学生来说是陌生的。因此，在以上教学片段中，利用长方形卡纸，用直观形象的方式，生动教学了两个前置概念，通过口算和推断直接得出一个基本事实——长方形内角和是360°，发现长方形的大小变了，内角和却保持不变的规律，由此提出了本节课的核心问题——三角形有没有类似的奥秘,开启了三角形内角和的探索之旅。在这个过程中,不仅发展了学生的几何直观,还发展了推理意识。在这里,运用演绎推理得到第一个长方形内角和的基本结论,运用归纳推理得出所有长方形内角和的一般结论,运用类比推理提出了本节课的核心问题,这样的教学设计就把核心素养的教学目标落到了实处。

第二,教学生长点的设计。对应的驱动性问题是"是什么"。在核心问题的驱动下,如何让知识得以不断生长,是这节课教学生长点的设计重点。根据《2022年版》中的"教学提示",我们可以从特殊三角形入手,通过直观操作,引导学生归纳出三角形内角和,增强几何直观。因此,本节课的教学生长点有两个:一是通过把长方形沿着对角线剪开,变成两个一样的直角三角形,从而探索直角三角形内角和问题;二是把其中一个直角三角形沿着直角顶点朝着斜边再次剪开,得到一个锐角三角形和一个钝角三角形,由此拉开探索锐角三角形和钝角三角形内角和的序幕。下面是围绕本节课的生长点设计的教学片段。

1. 教学直角三角形内角和

师:我把这个长方形沿着对角线剪开,就变成了2个完全相同的直角三角形,请问这个直角三角形的内角和是多少?

生:(异口同声)180°。

师:你是怎么想的?

生：360 除以 2 等于 180。

师：难道……来，你来补充。

生：难道所有的直角三角形的内角和都是 180°？

师：这个问题提得好，说明你善于思考，善于提出问题，给他掌声鼓励。你有什么办法可以验证一下？

生：（举起手中的三角尺）我们可以通过这一副三角尺进行验证。

师：（课件展示一块三角尺三个角的度数）30°、60°、90°。

生：（惊讶）哇！真的是 180° 耶！

师：（课件展示另一块三角尺三个角度数）45°、45°、90°。

生：（惊叹不已）哇！太神奇了！

师：这就是直角三角形的奥秘，它们的大小变了，有的大，有的小，然而，什么不变？

生：内角和不变。

2. 教学锐角三角形内角和

师：更神奇的地方还在后面呢！现在我把这个直角三角形剪开，变成一个锐角三角形，一个钝角三角形。

师：（举起锐角三角形）这个三角形的内角和是多少？

生：（几乎异口同声）90°。

师：你的声音真响亮，你是怎么想的呢？

生：（自信、大声）180 除以 2 等于 90。

师：说得真清楚，给他掌声鼓励！如果我继续剪开，变成两个更小的三角形，内角和又是多少？

生：（快速抢答）90除以2等于45。

师：如果我再剪两个呢？

生：（脱口而出）22.5。

师：我再剪一次。

生：（异口同声）11.25。

师：你们发现了什么？

生：（抢着回答）三角形越来越小，内角和越来越小。

（此时听课的老师们都笑了，学生却不知是何故。）

3. 教学钝角三角形内角和

师：（举起钝角三角形）请问这个三角形的内角和是多少？

生：（天真快速地回答）90°。

（教师静静地停了片刻，不语。）

生：（突然领悟到且大声喊道）不对！不对！不可能是90°！

师：（假装惊讶）你说什么？180除以2等于90，难道这个计算有错吗？

生：（快速上台指着钝角）你没有看到这里有一个钝角吗？

师：我看到了，钝角怎么啦？

生：老师，钝角大于90°，你真不知道吗？

师：这个我知道，钝角大于90°又怎么啦？

生：（略有生气）老师，这个钝角已经大于90°，那么这三个内角加起来怎么可能变成90°呢？！

师：（装作有所领悟）哦！说得有道理，看来钝角三角形的内角和不是90°。难道……（此时有人举手）你好像有话要说。

生：（惊喜且声音响亮）难道钝角三角形的内角和也是180°！？

师：（一片寂静后纷纷举起了手）你们好像还有话要说。

生：（惊讶且声音响亮）难道锐角三角形的内角和也是180°！？

师：如果真是这样，你的小心脏受得了吗？

生：（笑着摇摇头）受不了！

4. 利用几何画板验证猜想

这一环节的教学过程在此省略。

在以上教学片段中，知识经历了三次的生长，学生受到定势思维的影响，凭借经验和直觉，推断锐角三角形内角和是90°，这是知识的第一次生长。在观察思考的基础上，推测三角形越剪越小，内角和也越变越小，这是知识的第二次生长。这个结论是学生的一种直观感受，虽然结论不正确，但是这个思维过程很宝贵，经历了合情推理的过程，发展了推理意识。在讨论钝角三角形内角和的过程中，伴随着学生的质疑和解释，大家仿佛从睡梦中惊醒，形成了认知的冲突，学生通过演绎推理的方式否定了原来的直观猜测，提出了新的猜想——钝角三角形和锐角三角形的内角和会不会也是180°？这是知识的第三次生长，这一次猜想离真理最近。这样的思考和探索过程，是科学研究、发现结论的基本过程，也是学生独立思考、学会思考的重要途径。

第三，教学延伸点的设计。对应的驱动性问题是"为什么"。我们通过几何画板分别进行验证，通过归纳的方式得出基本结论——三角形内角和是180°，仿佛数学思考可以结束了。其实不然，我们要让课堂焕发数学应有的魅力，就应该让学生在学知识的过程中长见识、悟道理，通过以上生长点的教学设计，学生学习了知识，也增长了见识，但是，还没有悟出道理——为什么会是这样？这就是教学延伸点要解决的问题。下面是围绕本节课的延伸点设计的教学片段。

1. 感悟三角形剪开后内角和还是180°的道理

师：为什么直角三角形剪开后变成一个锐角三角形和一个钝角三角形，它们的内角和不是90°，而依然是180°？

（教师把锐角三角形和钝角三角形恢复成原来的直角三角形。）

师：根据刚才的经验，剪开后就应该除以2，因此，我们在剪的过程中，是不是"有人"偷偷提供了另一个180°，这样180°+180°=360°，360°除以2才会等于180°？请问另一个180°从哪里来？请大家独立思考。

（学生认真观察并陷入沉思，一片寂静。）

师：将自己的发现与同桌交流一下。

生：（指着直角三角形的斜边）从这里来的。

师：请你说得具体一点。

生：这里是直角三角形的一条边，其实也可以看成平角，平角就是180°，本来只是边不是内角，剪过去后就变成两个三角形的内角了。

师：说得真清楚、真好！大家掌声鼓励！也就是另外一个180°是从这条边来的，这里藏着一个平角。

师：这样我们每次把三角形剪开，都会有一条边提供一个平角参与进来，这就是三角形越剪越小，内角和却始终不变的道理！

2. 感悟三角形拼接后内角和还是180°的道理

师：（举起一个三角形）这个三角形内角和是多少？

生：（异口同声）180°。

师：（举起另一个三角形）这个三角形内角和是多少？

生：（异口同声）180°。

师：（拼接成一个大的三角形）这个大的三角形内角和是多少？

生：（异口同声）180°。

师：（惊讶）180°加180°应该等于360°，为什么还是180°？请问另一个180°消失到哪里去了？

生：（略加思考）变成平角消失在那条边上了。

师：对了，这就是三角形内角和的奥秘！

在以上教学片段中，通过"为什么"这个问题，继续推进教学的进程，促进学生深度的思考。在观察思考的活动中，学生感悟了三角形越剪越小，内角和始终不变的道理，也感悟了三角形越拼越大，内角和也始终不变的道理。至此，就实现了让学生学知识、长见识、悟道理的基本目标，也落实了"由浅入深、深入浅出"的设计原则，还让学生体会到数学的神奇和美妙，这是数学好玩的根本所在！

第四，教学拓展点的设计。对应的驱动性问题是"还有吗"。本节课的核心问题——三角形有没有类似的奥秘，在知识生长点和延伸点的设计中，已经得到解决，也积累了经验，那么，如何在此基础上继续推进数学思考，让学生再次发现并提出新的问题，逐步学会用数学的思维思考现实世界呢？这就是教学拓展点要解决的问题。下面是围绕本节课的拓展点设计的教学片段。

师：我们今天通过学习，知道了三角形的内角和是180°，也明白了其中蕴含的道理。你们还能提出新的数学问题吗？

生：平行四边形的内角和也是360°吗？

师：这个问题问得好！谁有办法利用三角形内角和的结论，说明平行四边形内角和是多少？

生：将平行四边形的一条对角线画出来，就把平行四边形分成了两个三角形，因此，平行四边形内角和是2个180°，就是360°。

师：这里的平行四边形也是由两个三角形拼接而成的，为什么180°没有消失呢？

生：都变成了平行四边形的内角，没有消失在边上。

师：你真棒！这个问题解决了。还能提出其他问题吗？

生：五边形的内角和是多少？

生：六边形的内角和是多少？

生：三角形的外角和是多少？

生：四边形、五边形、六边形的外角和又是多少？

师：这就是多边形"角"的奥秘。大家提出了许多有价值的数学问题，下课后大家可以继续思考，也可以进行讨论，想一想你有什么办法可以解决这些数学问题。

以上教学片段，学生通过类比推理提出了一系列新的问题，进一步拓展了学生的数学思考，让学生利用三角形内角和是180°这一基本结论，通过分割的方法，把多边形内角和的问题转化成三角形内角和的问题，拓展了数学思考的深度。在多边形内角和的基础上，通过类比推理的方式，想到探索多边形外角和的规律，这样不仅拓展了学生数学思考的宽度，体会了数学内在的联系，而且感受了数学的奇妙。一节课的探索虽然已经结束，一阵子的思考却刚刚开始，翻过了一座山，迎来的是更加迷人的景色，这就是数学的魅力！

第三节 基于数据意识、应用意识的教学设计

——以"折线统计图"为例

"折线统计图"属于统计与概率领域第三学段"数据的收集、整理与表达"主题中统计图的认识的教学内容，这是一节典型的数学统计课。《2022年版》在"内容要求"中提出：认识折线统计图，会用折线统计图呈现相关数据，解释所表达的意义；在"学业要求"中提出：能根据问题的需要，从报纸、杂志、电视、互联网等媒体上获取数据，或者通过合适的方式获取数据，能把数据整理成折线统计图，知道折线统计图的功能，会解释统计图表达的意义，能根据结果作出简单的判断和预测，形成数据意识，发展应用意识；在"教学提示"中提出：折线统计图教学要引导学生理解折线统计图的主要功能是表达数据的变化趋势，体会折线统计图与条形统计图的区别，知道针对不同问题应选择合适的表达方式，逐步感知统计学基于合理性的价值判断准则。本节将探讨如何用好数学课程标准研究"折线统计图"的教学问题，如何落实数学课程标准的教学理念。

从数学"四基"的角度分析，根据《2022年版》的"内容要

第六章 通过问题驱动创新设计教学过程

求"和"学业要求",我们可以确定本节课的基础知识包括三个方面：一是折线统计图，匹配的目标行为动词是"认识"，属于结果目标的第二水平要求；二是折线统计图所表达的意义，匹配的目标行为动词是"理解"，属于结果目标的第二水平要求；三是折线统计图的功能，匹配的目标行为动词是"知道"，属于结果目标的第一水平要求。本节课的基本技能包括三个方面：把数据整理成折线统计图，匹配的目标行为动词是"能"，属于结果目标的第三水平要求；解释统计图表达的意义，匹配的目标行为动词是"会"，属于结果目标的第二水平要求；根据结果作出简单的判断和预测，匹配的目标行为动词是"能"，属于结果目标的第三水平要求。基本思想主要是建模思想，具体包括量化思想（为了研究汽车的速度问题需要量化成数据）、统计思想（对收集的数据需要进行统计并用统计表和统计图进行呈现）、随机思想（数据具有随机性），匹配的目标行为动词是"体会"，属于过程目标的第二水平要求。由于在折线统计图的学习过程中，需要经历观察、思考和表达等数学活动，因此，本节课的基本活动经验是观察的经验、思考的经验和表达的经验。

从核心素养的角度分析，根据《2022年版》的"学业要求"，从数学知识应用过程的角度分析，折线统计图关联的核心素养是"数学语言"，主要表现在数据意识、应用意识。另外，"折线统计图的认识"属于数学知识的形成过程，从这个角度分析，折线统计图关联的核心素养是"数学眼光"，主要表现在符号意识和几何直观。因此,通过这节课的学习,应该让学生学会用数学的眼光观察现实世界、学会用数学的语言表达现实世界,发展学生数学核心素养。本节主要讨论基于数据意识、应用意识的教学设计问题。

从数学本质的角度分析,数据是统计的研究对象,统计是数据蕴含规律的一种刻画。统计的过程一般包括收集数据、整理数据、表达数据和分析数据等,根据研究问题的需要,我们可以通过调查或试验的方式收集数据,借助统计表整理数据,利用统计图表达数据,根据统计图表达出数据的变化趋势,作出简单的判断和预测。表达数据的方式主要有三种:条形统计图、折线统计图和扇形统计图。条形统计图主要用来表达离散数据的变化趋势,折线统计图主要用来表达连续数据的变化趋势,扇形统计图主要用于反映部分与整体关系的数据。因此,在本节课的教学中,最好选择"连续量"的变化数据,比如,通过收集时间和速度的相关数据,研究汽车速度的变化规律,在这里,"时间"与"速度"都是连续量,适合用来教学折线统计图。

从数学"四能"的角度分析,本节课应该通过问题驱动的方式,让学生经历一个发现问题、提出问题、分析问题和解决问题的过程,促进学生积极思考,学会用数学的眼光观察现实世界,学会用数学的语言表达现实世界。因此,我们可以创设一个真实的情境,引导学生一起研究汽车速度变化的问题:一辆汽车在行驶过程中速度变不变?这里主要引导学生"收集数据"和"整理数据"。这辆汽车的速度是**怎么变**的？为了解决这个问题，引导学生用折线统计图"表达数据"。这辆汽车的速度**为什么**是这样变化的？由此引导学生通过折线统计图整体感知汽车速度的变化规律，建立折线统计图的基本模型。这个折线统计图模型除了体现在汽车的速度问题上，**还有吗**？引导学生列举其他事例说明这个统计模型在生活中的广泛应用。这样，本节课就可以通过"变不变""怎么变""为什么""还有吗"四个问题驱动学生思考，发展学生的统计意识和应用意识，真正落实数学"四基"、数学"四能"和核心素养的教学目标。

基于以上分析，下面探讨本节课四个关键要点的教学设计问题。

第一，教学基准点的设计。对应的驱动性问题是"变不变"。收集数据是研究现实问题的开始，是形成数据意识的重要基础，整理数据是研究现实问题的手段，是形成数据意识的关键所在。然而，运用统计的方法研究问题、分析问题和解决问题，对于学生来说比较陌生，缺乏这方面的经验。因此，本节课的教学基准点设计在收集数据和整理数据的基础上，根据学生的生活经验，通过创设真实情境，提出本节课的核心问题，驱动学生数学思考，让学生学会用统计的眼光观察现实世界，感悟研究问题必须事先收集数据和整理数据，发展学生的数据意识，促进学生形成和发展数学核心素养。下面是围绕本节课的基准点设计的教学片段。

1. 收集数据

师：你们坐过汽车吗？

生：（齐声）坐过。

师：你们曾经从数学的角度思考过汽车行驶的问题吗？

生：（异口同声）没有。

师：今天我们就一起来研究汽车行驶中的数学问题。

师：你们觉得汽车行驶中的速度变不变？

生：汽车的速度，有时快，有时慢。

师：说得好，有生活经验。你打算如何研究汽车的速度问题？

生1：汽车行驶时观察一下仪表盘。

生2：应该记录下汽车行驶中具体的速度。

生3：还应该记录下汽车行驶中对应的时间。

师：对了。我们为了研究汽车行驶中的速度问题，不仅要记录下速度，还应该记录下对应的时间。这里有人收集了一辆汽车行驶过程中的相关信息，请大家看屏幕。

PPT 呈现：

第1分钟的速度是 500 米/分，第2分钟的速度是 600 米/分，第3分钟的速度是 800 米/分，第4分钟的速度是 1200 米/分，第5分钟的速度是 1200 米/分，第6分钟的速度是 1000 米/分，第7分钟的速度是 600 米/分。

2. 整理数据

师：在这段信息中，你们觉得哪些是我们研究问题时需要的数据？

生1：500米/分、600米/分、800米/分、1200米/分、1200米/分、1000米/分、600米/分。

（学生边回答，教师边把相应的速度数字卡片随意贴在黑板上，卡片只写数字不写单位。）

师：只要这7个数据吗？

生2：还有第1分钟、第2分钟、第3分钟、第4分钟、第5分钟、第6分钟、第7分钟。

（学生边回答，教师边把相应的时间数字卡片随意贴在黑板上，卡片只写数字不写单位。）

师：（以上两组数据杂乱随意摆放）哪位同学能帮老师把这14个数据整理成两类呢？

（学生按照从小到大进行整理，分别为500、600、600、800、1000、1200、1200和1、2、3、4、5、6、7。）

师：（手指着第一行）整理得很工整，你们知道第一类是什么？

生：（齐声）速度。

师：[在第一行的数字前面贴上卡片"速度（米/分）"]那么第二类呢？

生：（齐声）时间。

师：[在第二行的数字前面贴上卡片"时间（分）"]你们知道这位同学是怎么整理的吗？

生：（异口同声）从小到大。

师：虽然这样整理看起来很工整，但是还存在什么问题呢？

生：（略加思考）速度和时间没有对应。

师：真厉害！一眼就看出来了，谁能再来整理一下？

（学生按照时间从小到大的顺序，重新整理了速度卡片。）

师：（在整理好的卡片中加入线段后形成统计表）这就是汽车速度的统计表。通过这个统计表，我们就可以直观地看出汽车在行驶过程中，每一个时刻所对应的具体速度。

学生在数与代数和图形与几何领域知识的学习中，根据题目的已知条件提取数学信息分析问题，通过列算式的方式解决问题，在这方面积累了丰富的经验。然而，缺乏根据研究问题的需要收集数据和整理数据的经验。以上教学片段的设计，在本节课核心问题——"你们觉得汽车行驶中的速度变不变"的驱动下，让学生根据研究现实问题的需要，经历收集数据和整理数据的过程，旨在让学生学会用数据的眼光观察现实世界，发展学生的数据意识。

第二，教学生长点的设计。对应的驱动性问题是"怎么变"。通过这一驱动性的问题，在收集数据和整理数据的基础上，进一步推进教学的进程——描述数据，促进知识的生长。描述数据是形成数据意识的重要手段，绘制统计图是描述数据的重要方法，学生在条形统计图的学习中，积累了描述数据的经验。折线统计图与条形统计图有着本质的区别，通过折线统计图不仅能够直观看出"具体数量"，还能够直观看出"变化规律"。折线统计图的基本构成要素是"点"和"线段"，因此，本节课的生长点有三个：一是在网格图上确定"点"，二是在网格图上连成"线"，三是给统计图取"名字"。教学时，教师要注意让学生经历从统计表到统计图的逐步形成过程，学会先描点、再连线的方法，进一步发展学生数据意识。下面是围绕本节课的生长点设计的教学片段。

1. 在网格图上确定"点"

师：我们用网格图的横轴表示时间，纵轴应该表示速度。如果横轴上的一格代表 1 分，那么谁能帮老师把 7 张时间数字卡片摆放在相应的位置上？

（学生按照大小顺序从左到右依次摆放，把统计表中的数字卡片移到横轴的相应位置上：1、2、3、4、5、6、7。）

师：（摆放好 500 这张速度卡片的位置）如果纵轴上的一格代表 100 米／分，那么 600 这张速度卡片应该摆在哪里？

（学生争着上台摆放，最后摆放在 500 上面一格。）

师：很好。800、1000、1200 这三张卡片应该相应摆在哪里？

（学生上台准确找到三张数字卡片的相应位置。）

师：在（1，500）的位置上摆放一个磁吸。请问这个位置表示什么意思？

生：（争着回答）第 1 分钟汽车的速度是 500 米/分。

师：你真厉害，眼光很敏锐，一下子就看出来了，大家给他掌声鼓励。你来告诉大家，你是怎么看的呢？

生：（在网格图上用手比画）先看横轴对应的是"时间"，再看纵轴对应的是"速度"。

师：说得真好！再次掌声响起来。我在（2，600）再摆放一个磁吸，这个点又告诉我们什么信息？

生：（争着回答）第 2 分钟汽车的速度是 600 米/分。

师：很棒，说得真完整！下面，我们变换一种方式，第 3 分钟汽车的速度是 800 米/分，谁来帮我把这个磁吸放在相应的位置上？

[学生纷纷高高举起手来，直呼"我、我、我……"。一名学生上台准确摆放在（3，800）的位置上。]

师：真的好厉害，掌声鼓励！哪位同学能帮老师把剩下的 4 个磁吸分别摆放在相应的位置上呢？

[很多学生激动得站了起来，高高举着手，直呼"我、我、我……"。一名学生上台准确摆放在（4，1200）（5，1200）（6，1000）（7，800）的位置上。]

师：（板书：点——具体数量）同学们，网格图中"点"真了不起,它能悄悄地告诉我们汽车速度的"具体数量"。刚才老师发现,你们已经长大了,多了一双数学的眼睛,学会了用数学的眼光观察网格图中的"点",为你们点赞!

2. 在网格图上连成"线"

师:(指着第一个点和第二个点)这个点表示汽车第1分钟的速度是500米/分,这个点表示汽车第2分钟的速度是600米/分。我把它们用线段连接起来,你发现这条线段有什么特点?

生:(稍加思考后个别学生举手,边比画边说)往上倾斜。

师:你表达得真准确。那么这条线段告诉我们什么信息?

生:(没有把握地说)汽车的速度不断变大。

师:是的。这条线段直观地告诉我们汽车速度的"变化规律"。(板书:线——变化规律)

师:下面,请大家拿出学习记录单,先在网格图中描出7个点,再用直尺把相邻的两个点用线段连接起来。

(学生纷纷动手描点和连线,并独立完成任务。)

3. 给统计图取"名字"

师:(指着一幅图)这样我们就完成了这幅图,大家认真观察,它的特点是曲曲折折,而且是一波——

生:(笑着说)三折。

师:这样的统计图,你想叫它什么统计图?给它取个名字!

生：（略加思考后纷纷举手）曲曲折折统计图。

生：一波三折统计图。（全班大笑）

师：真有创新，大家学会了根据它的特点取名字，但是名字太长了，能不能简洁一些？

生：曲折统计图、三折统计图。

师：大家都省略了两个字，突出"折"的特点，真好！数学家给它取名为"折线统计图"，你们可以理解吗？

生：（纷纷点头，略有所悟）可以、可以。

师：我们一起试着喊它一下——

生：折线统计图。

以上教学片段通过启发引导学生在网格图中描"点"、连"线"和取"名字"等数学活动，让学生经历从统计表到折线统计图的逐步形成过程，体验描述数据的基本方法——描"点"和连"线"，懂得"点"表示的是"具体数量"，而"线"表示的是"变化规律"，感悟折线统计图的数学本质，培养学生的数据意识，发展数学核心素养。

第三，教学延伸点的设计。对应的驱动性问题是"为什么"。通过这一驱动性的问题，在描述数据的基础上，进一步推进教学的进程——分析数据，促进知识的延伸。分析数据是形成数据意识的重要保障，是统计知识教学的重要环节，学生在描述数据的过程中已经获得一定的感性经验，这是数据分析的重要基础。因此，本节课教学的延伸点有两个：一是整体感知概括规律，二是局部观察延伸思考。教学时，教师应该在学生获得的感性经验基础上，通过有效的数学活动，及时帮助学生把感性经验上升为理性经验，让学生学会用数学的语言表达想法，从而培养学生的数据意识，促进学生形成和发展数学核心素养。下面是围绕本节课的延伸点设计的教学片段。

1. 整体感知概括规律

师：我们一起研究这张折线统计图，看看这辆汽车速度的整体变化情况。从第 1 分钟到第 2 分钟，汽车速度变不变？

生：（齐声）变！

师：怎么变？

生：变大了！

师：我们也可以说汽车的速度提升了。如果用一个字，该怎么说？

生：升！

师：很好。我们就用简洁的一个"升"字，来描述第 1 分钟到第 2 分钟汽车速度的变化情况。

师：（指着统计图）第 2 分钟到第 3 分钟，变不变？怎么变？

生：（异口同声）升！

师：（指着第 4 分钟到第 5 分钟的这段统计图）变不变？

生：（齐声）不变！

师：不变，我们也可以用简洁的一个字来描述，是——

生：平！

师：很聪明！第5分钟到第6分钟，变不变？怎么变？再用简洁的一个字来描述，是——

生：降！

师：真棒！第6分钟到第7分钟呢？

生：（异口同声）降！

师：（用手比画变化趋势）我们一起来整体感受一下这辆汽车速度的变化情况，"升"得快一点，声音大一些，"平"的时候声音不变，"降"得快一点，声音也大一些，准备好了吗？开始。

生：（整齐）升（大声）—升（大声）—升（大声）—平（持平）—降（大声）—降（大声）！

2. 局部观察延伸思考

师：（指着第4分钟到第5分钟的这段统计图）请看这一段，第4分钟的速度是多少？第5分钟的速度又是多少？

生：（齐声）都是1200米/分。

师：请问第4.5分钟的速度是多少？

生：（一片寂静，个别举手）1200米/分。

师：你是怎么想的？

生：因为这个时间段汽车的速度没有变化！因此，第4.5分钟的速度也是1200米/分。

生：（恍然大悟）是 1200 米 / 分。

师：那么第 4.1 分钟呢？

生：（异口同声）1200。

师：第 4.9 分钟呢？

生：（抢答）都是 1200！都是 1200！

师：（指着第 2 分钟到第 3 分钟的这段统计图）下面这个问题有难度，请问第 2.5 分钟的汽车速度是多少？

生：700 米 / 分。

师：你是怎么看的？

生：（上台指着统计图，边说边比画）第 2 分钟是 600，第 3 分是 800，那么第 2.5 分钟的速度就在它们中间，就是这个点（中点），是 700。

以上教学片段，在学生已有经验的基础上，通过引导学生整体感知汽车速度的变化情况，概括出汽车速度的变化规律：升—升—升—平—降—降，不仅发现了汽车速度的变化规律，解决了课前提出的核心问题，而且也为统计模型的建构奠定了重要基础。通过引导学生局部观察，启发学生纵向延伸，深入思考，进一步认识到折线统计图中除了这 7 个点以外，还蕴含着众多的信息，这是折线统计图与条形统计图的根本区别。从本质上说，条形统计图描述的是离散数据，而折线统计图描述的是连续数据。在这里，通过感悟折线统计图的数学本质，进一步发展学生的数据意识。

第四，教学拓展点的设计。对应的驱动性问题是"还有吗"。为了发展学生的应用意识，让学生学会用数学的语言表达现实世界，我们可以在汽车速度折线统计图基本模型（升—升—升—平—降—降）的基础上，进一步拓展学生思考，通过唤醒学生已有的生活经验，让学生通过举例子的方式，讲述折线统计图在其他生活情境中应用的故事，进一步建构折线统计图的基本模型，从而培养学生的应用意识，促进学生形成和发展数学核心素养。下面是围绕本节课的拓展点设计的教学片段。

师：现在，我把横轴的时间和纵轴的速度都撤掉（留下折线图），想一想这个折线统计图还可以描述什么生活现象？

生：每天校园里学生的人数变化。

师：真聪明！请你结合这个折线统计图，上来给大家说一说你是怎么想的。

生：我们每天上学时，校园里的人越来越多，这时就是"升"，都到学校后开始上课，这时候人数没有变化，这时就是"平"，放学了，校园里的人越来越少，这时就是"降"。

师：说得既完整，又形象。给他掌声鼓励！谁再来举一个例子？

生：（争着回答，憋笑着说）还可以表示人的体重。升—升—升—平—降—降，先胖起来，然后减肥成功！（全班大笑）

生：还可以表示商店的收入。升—升—升—平—降—降，刚开始赚了很多钱，最后宣布破产！（全班大笑）

生：还可以表示一年的气温。升—升—升—平—降—降，春天来了，温度慢慢升高，最后冬天来了，冷得发抖！（全班大笑）

在以上教学片段中，让学生在本课数学学习中积累活动经验的基础上，通过"还有吗"这一驱动性问题，进一步拓展了学生的数学思考，发现并提出新的数学问题——校园的人数问题、人的体重问题、商店的收入问题、一年的气温变化问题等，建立了折线统计图的基本模型（升—升—升—平—降—降），发展了应用意识，学会了用数学的语言表达现实世界，培养了数学核心素养。

附 录

关于《2011年版》修订的若干建议[①]

《2011年版》在课程目标中明确提出"四基""四能"的要求，增补并完善了10个"核心概念"，把我国义务教育数学课程改革逐步引向深入。值此《2011年版》修订之际，特选取一些问题提出以下建议，与同仁商榷。

一、关于完善"四基"的表述

《2011年版》在第二部分"课程目标"中表述到"获得适应社会生活和进一步发展所必需的数学的基础知识、基本技能、基本思想、基本活动经验"。这里的"基础知识、基本技能、基本思想、基本活动经验"在《2011年版》中没有给出相应的简称，而《普通高中数学课程标准（2017年版）》把这四个方面简称"四基"。

对此，我个人有以下建议。第一，把这四个方面简称为"四

[①] 苏明强. 关于《义务教育数学课程标准（2011年版）》修订的若干建议[J]. 小学教学（数学版），2020（10）：8-10.

基"，让"四基"真正成为数学教育学术研究的一个专业术语。其实，近 10 年，"四基"已经基本被我国数学教育界的专家、学者和广大一线教师所认可和使用。第二，删除基本活动经验中的"活动"二字，这样"四基"中每一个方面的表述都是四个字，这样的表述更具有数学所追求的简洁美和对称美。

二、明确基本思想和数学思想的表述

《2011 年版》虽然在"四基"中提出了基本思想，但是，对基本思想的内涵和外延并没有给出明确的表述。《2011 年版》在第四部分"实施建议"中表述到"数学思想蕴含在数学知识形成、发展和应用的过程中，是数学知识和方法在更高层次上的抽象与概括，如抽象、分类、归纳、演绎、模型等。"史宁中教授认为：在数学教学中，通常说的等量替换、数形结合、递归法、换元法等，可以成为数学思想方法，但不是数学基本思想，数学基本思想必须满足两个基本原则：一是数学产生和发展所必须依赖的那些思想，二是学习过数学的人应该具有的基本思维特征。根据这两个原则，他把数学基本思想归结为三个核心要素：抽象、推理和模型。[①]以下是我对基本思想和数学思想的认识。[②]

第一，抽象思想主要蕴含在数学知识的产生过程中。数学抽

[①] 史宁中．数学基本思想 18 讲 [M]．北京：北京师范大学出版社，2016：2-3．
[②] 苏明强，黄志强．小学数学常见的数学思想及其教学启示 [J]．福建教育，2015，10（40）：46-48．

象之前要事先产生研究对象,在研究对象产生过程中常常蕴含分类思想和集合思想。数学抽象的过程主要有基于现实的抽象和基于逻辑的抽象两种,不论是哪一种抽象,都需要关注研究对象的共性,从变化的现象中抽象出数量或者图形中不变的规律,这里蕴含变中不变思想和极限思想;再利用数学符号或关系术语进行表述,这个过程蕴含了对应思想和符号表示思想。因此,抽象思想的下位数学思想主要包括集合思想、分类思想、对应思想、符号表示思想、变中不变思想和极限思想等。

第二,推理思想主要蕴含在数学知识的发展过程中。数学知识的发展过程主要包括两个方面:一是在问题解决过程中产生新的知识,在这个过程中常常采用"化新为旧""化难为易""化曲为直"等策略,这里蕴含着转化思想。二是在逻辑推理中产生数学结论或验证数学结论,在这个过程中常常凭借经验和直觉通过归纳或类比的方式推断得出新的数学结论,或者根据已有的数学事实和确定的法则,按照推理的法则证明数学结论,这里蕴含着归纳思想、类比思想和演绎思想。因此,推理思想的下位数学思想主要包括转化思想、归纳思想、类比思想、演绎思想等。

第三,建模思想主要蕴含在数学知识的应用过程中。数学模型是数学与现实世界的桥梁,借助数学模型就可以让数学回归现实世界,当数学知识应用到现实世界中解决问题时,需要把现实世界中需要解决的问题进行量化和简化处理,再建立起方程模型、函数模型、随机模型或统计模型等,在求解数学模型的过程中，数学强调策略优化，追求合理简洁的途径解决问题。因此，建模思想的下位数学思想主要包括量化思想、简化思想、优化思想、方程思想、函数思想、随机思想和统计思想等。

我对此有以下建议：第一，增补基本思想的内涵表述。在原来数学思想的阐述之后，增加有关基本思想内涵的表述，突出两个基本特征：一是基本思想是数学产生、发展和应用过程中所依赖的数学思想，二是基本思想是学习过数学的人应该具有的基本思维特征。第二，增补基本思想的外延表述，把基本思想中的模型思想改为建模思想，让抽象思想、推理思想、建模思想并列成为三个基本思想，这里抽象、推理、建模都是动词，这样的文字表述不仅更为对称，而且与《普通高中数学课程标准（2017年版）》关于核心素养六个方面中的数学建模保持一致。第三，根据三类基本思想，分别列出相应的下位数学思想，这样不仅有利于教师挖掘教学内容所蕴含的数学思想，而且有利于"四基"目标的落实和学术研究表述的规范。

三、明确基本经验的外延

《2011年版》指出："数学活动经验需要在'做'的过程和'思考'的过程中积淀，是在数学学习活动过程中逐步积累的。"我认为，数学活动主要有课内和课外两大类，动手操作、动眼观察和动脑思考是课内数学学习的主要活动，实践活动是课外数学学习的主要活动。因此，数学学习的基本经验主要包括操作经验、观察经验、思维经验和实践经验,其中操作经验和实践经验是在"做"的过程中积淀的,而观察经验和思维经验是在"思考"的过程中积淀的。这样,在原来的基础上进一步明确基本经验的外延,有助于教师在教学过程中更好地把握教学内容,落实"四基"目标。

四、增补基本思想、基本经验的目标行为动词

《2011年版》提出,结果目标和过程目标都要达成才是良好的数学教育。这对于以前重视结果目标而忽视过程目标来说,无疑是一种进步。《2011年版》在附录1中规定了结果目标的四种水平和相应的目标行为动词以及同类词,也规定了过程目标的三种水平和相应的目标行为动词以及同类词。

"四基"是课程目标的重要内容,其中基础知识、基本技能属于结果目标,现有目标行为动词基本能满足使用,基本思想、基本经验属于过程目标,对应的目标行为动词需要进一步补充和完善。比如,基本思想对应的目标行为动词可以用"体会",属于过程目标第二层次水平的要求,建议补充基本思想第一层次水平的目标行为动词,增加"感悟"作为基本思想第三层次水平的目标行为动词;建议增补"积累"作为基本经验所对应的过程目标第一层次水平的目标行为动词,作为已有的过程目标行为动词"经历"的同类词,增加表述基本经验的第二层次水平和第三层次水平的相应目标行为动词,分别作为已有的过程目标行为动词

"体验"和"探索"的同类词。完善这两方面的目标行为动词，有助于教师规范撰写教学目标，把"四基"目标真正落实在课堂教学之中。

五、完善课程内容表述规范

《2011年版》在目标行为动词的表述和应用上与《实验稿》相比有了很大的进展。在课程内容的目标要求中基本采用"目标行为动词＋目标具体内容"的方式进行规范表述，目标行为动词规定的是需要达到的水平层次要求，目标具体内容规定的是结果目标和过程目标的具体内容。但是，依然存在一些表述不够规范的地方，有待进一步完善，这符合数学自身对优化和美的追求，主要有三类情况，下面分别举例进行说明。

1. 没有将目标行为动词置于句首

例 《2011年版》第16页："在现实情境中理解万以内数的意义，能认、读、写万以内的数，能用数表示物体的个数或事物的顺序和位置。"

这段话表述得好，主要体现在：不仅明确了知识点和技能点，而且规范使用了课标规定的目标行为动词"理解"和"能"，也就明确了结果目标的具体内容和水平层次要求。但这段话表述还可以进一步完善，主要体现在：第一分句没有把目标行为动词置于句首（第二分句有，第三分句也有，这里需要统一规范）。我建议把第一分句改为"在现实情境中，**理解**万以内数的意义"。

2. 重复出现不同层次的目标行为动词

例 《2011年版》第27页："能运用有理数的运算解决简单的问题。"

这句话重复出现了两个不同水平层次的目标行为动词"能"和"运用"，在结果目标中，"能"属于第三层次水平的要求，"运用"属于第四层次水平的要求，这样的表述使得结果目标的水平层次要求不清楚，建议把"运用"改为"用"，留下一个目标行为动词"能"。

3. 个别表述缺失目标行为动词

例 《2011年版》第32页："识别同位角、内错角、同旁内角。"

这句话的表述有作为结果目标的具体内容，但缺失相应的结果目标行为动词，由于"识别同位角、内错角、同旁内角"属于技能方面的目标内容，因此，建议增加技能方面的结果目标行为动词"能"。

六、关于课标要求与教材编写不一致的问题

例 《2011年版》第21页："结合具体情境，理解小数和分数的意义，理解百分数的意义（参见例25）；会进行小数、分数和百分数的转化（不包括将循环小数化为分数）。"

我认真查阅过20世纪我国所有的教学大纲和课程标准，发现在第二学段"分数的再认识"中，都安排了真分数、假分数和带分数、分数基本性质的学习内容，2000年的教学大纲也不例外，《2011年版》中并没有出现这方面的内容要求。然而，2012年至2020年，全国所有版本的小学数学教材都编写了上述内容，这里存在课标要求与教材编写不一致的问题。

分数基本性质是数学的一项重要内容，在中小学乃至大学数学中有着广泛的应用，因此，建议在该条文中增补这一知识点，规定达到"掌握"的水平层次要求。真分数、假分数和带分数等概念有助于进一步丰富学生对分数概念的理解，因此，建议在课标中补充这些知识点。具体可表述为"了解真分数、假分数、带分数和百分数的意义，掌握分数基本性质"。当然，如果课标中对真分数、假分数、带分数等知识点不做要求，那么在教材审定过程中，审议组专家就应该根据课标的要求，建议教材编写者删除超出课标要求的教学内容，让课标要求与教材编写更好地保持一致。